新 潮 文 庫

日本人はなぜ戦争へと向かったのか

―果てしなき戦線拡大編―

ＮＨＫスペシャル取材班編著

新 潮 社 版

10288

目次

日本人はなぜ戦争へと向かったのか

――果てしなき戦線拡大編

果てしなき戦線拡大の悲劇

ＮＨＫスペシャル取材班

一九四一年一二月八日。戦争回避に向けたアメリカとの瀬戸際《せとぎわ》の交渉にも失敗した日本は、ついに対米戦争という悲劇的な道程に足を踏み入れた。

日米交渉と並行して極秘裏に作戦行動を開始していた帝国海軍連合艦隊二十五隻《せき》は、日本時間の未明、ハワイ・オアフ島にあるアメリカ海軍基地と湾内に停泊中だったアメリカ太平洋艦隊を急襲した。真珠湾攻撃である。

華々しい戦果と勝利の報に沸いた当時の人々は知る由《よし》もなかったが、それは、のちに日本人だけで三百万人を超える犠牲者を生み出し、広くアジアを凄惨《せいさん》な戦渦《せんか》に巻き込む太平洋戦争の幕明けにほかならなかった。

日米開戦から終戦（一九四五年八月）までのこの戦争期間は、二つの異なった様相をもっている。一つは、日本に優位な戦況が続いた、開戦から一九四二年中頃までの最初の半年間。もう一つは、ミッドウェー海戦（一九四二年六月）、ガダルカナル島の戦い（同年八月）の敗戦を転機に徐々に戦況が悪化、やがて防戦一方となる終戦までの三年間である。

真珠湾攻撃、日本軍の奇襲攻撃により炎上する米戦艦（提供・共同通信社）

緒戦の奇襲作戦が成功し、英米軍の即時応戦能力を削《そ》いだ日本軍は、東南アジア各地へと急速に進出し、当初の予想をはるかに上回る戦果を収めた。マレー半島、フィリピン、そしてボルネオ、ジャワ、スマトラといった現在のインドネシアの島嶼《とうしょ》部などを瞬《また》く間に勢力下に置き、石油をはじめとする南方資源地域の獲得に成功する。

しかし、戦力を立て直したアメリカはやがて反攻に転じる。とくにミッドウェー、ガダルカナルを境に形勢は逆転し始め、アメリカ軍は、日本の生命線である補給路を次々と寸断していった。日本軍は次第に広大なアジア太平洋の各地で自滅的な消耗戦を余儀なくされていき、戦争による死亡者数もこの頃よりうなぎのぼりに増加していった。そして、その相当数は、餓死や病死によるものだった。

　七十年前、アメリカとの圧倒的な国力差を認識しながら、日本は太平洋戦争という途方もない戦いへと突入した。なぜ日本人は、見込みのない戦争で自滅的な戦いに身をゆだね続け、立ち止まり引き返すこともなく、悲劇的な結末を迎えることになってしまったのだろうか。

　太平洋戦争に関する歴史研究は国内外を問わず戦後様々なかたちで進められ、その実像が解明されてきた。さらに近年になって当時の指導者や関係者の貴重な肉声資料の分析などから、より詳細な実態が判明してきている。そうした総合的な研究が進んだ結果、開戦から約半年の時期に日本の指導者が下した戦略や決断に、その後の戦争の行く末を左右する致命的な過《あやま》ちがあったことも明らかになってきている。

　なぜ、戦線は拡大していったのか。なぜ、勝ち目のない無謀な戦争を行ったのか。戦争の終結や戦禍の拡大回避のためのターニングポイントとなる重大な分岐路があったにもかかわらず、なぜ、指導者たちは事態の悪化を食い止められなかったのか。

　終戦まもない時期に関係者が当時を振り返った肉声証言をもとに検証していく。

南方の資源

日本のはるか南、太平洋に浮かぶ熱帯の島、ボルネオ（カリマンタン）島。日本の国土のおよそ二倍の面積を有し、現在はインドネシア、マレーシア、ブルネイの三か国が領有するこの島は豊富な資源を産出する。石油、石炭、金、鉄、スズ、ボーキサイト……。ことに良質な石油資源がこの地の重要な産物であることは、時を経た現在も変わりない。

「日本が来た時は、いまの四十倍の石油が採れたからね」

と現地の国有石油会社「ペルタミナ」の担当者は話す。

七十年前、イギリスとオランダが植民地として領有・経営していたこの島へ、戦争という蛮行を犯してまで日本を駆り立てた理由は、まさにその石油をはじめとする資源にあった。

なぜ、それほどまでに日本は南方の資源を渇望《かつぼう》したのか、開戦前の事情を少し整理しておこう。

石油などの資源獲得を目的に日本軍が進攻したボルネオ(カリマンタン)島

日本はもとより地下資源の乏しい国である。当時、日中戦争が泥沼化しつつも日本がなんとか国力を保ち得ていたのは、アメリカとの貿易が国家経済の支えになっていたという背景があった。石油や鉄といった戦略的に重要な資源の大半をアメリカからの輸入に依存していたのが当時の日本の実態である。

しかし、日本の強引な大陸進出策に態度を硬化させたアメリカは、まず一九四〇年一月に屑《くず》鉄《てつ》、航空機用燃料などに輸出制限を加える。対日経済制裁の始まりであった。さらに同年九月に日独伊三国軍事同盟が成立すると、日米関係はさらに悪化する。両国の対立は鮮明になり、屑鉄、鉄鋼が全面的に輸出禁止となるなど、アメリカの制裁はますます強化され、イギリス、オランダもこれにならった。

物資の窮乏を打開するため、日本は代替供給地の獲得を急がねばならなかった。そこで目をつけたのが、豊富な資源を有するアジア太平洋の南方地域である。しかし、オランダ領東インドに石油などの供給交渉を行うものの、アメリカの圧力などもあって四一年六月に交渉は決裂。また、海軍が民間商社を通じて独自に試みたブラジルやアフガニスタンなどでの油田、鉱山の獲得交渉もやはりアメリカの圧力の下に頓挫《とんざ》し、民間ルートでの資源調達の途《みち》もこの頃には閉ざされていた。

そして一九四一年七月、さらに厳しい経済制裁が日本に課されることとなる。石油などの資源獲得に向けた南方の拠点づくりのためフランス領インドシナ南部に日本が軍を進めると（南部仏印進駐）、アメリカは態度を決定的に硬化。保有する対日資産の凍結をはじめ、アメリカは日本へは石油を一滴たりとも売らないという全面禁輸に踏み込んだ。さらにイギリスは日英通商航海条約等の破棄、オランダは日蘭《にちらん》石油民間協定の停止を表明。大陸で戦う中国を含め、強力な対日経済制裁の包囲網（ABCD包囲網）を形成し、日本の封じ込めを図った。

なかでもアメリカによる石油の全面的な禁輸措置は日本にとって深刻な打撃となった。戦前の日本は、石油の六六パーセントをアメリカに、イギリス・オランダを加えた三か国には合計九四パーセントも依存していた。アメリカの禁輸措置は、日本にと

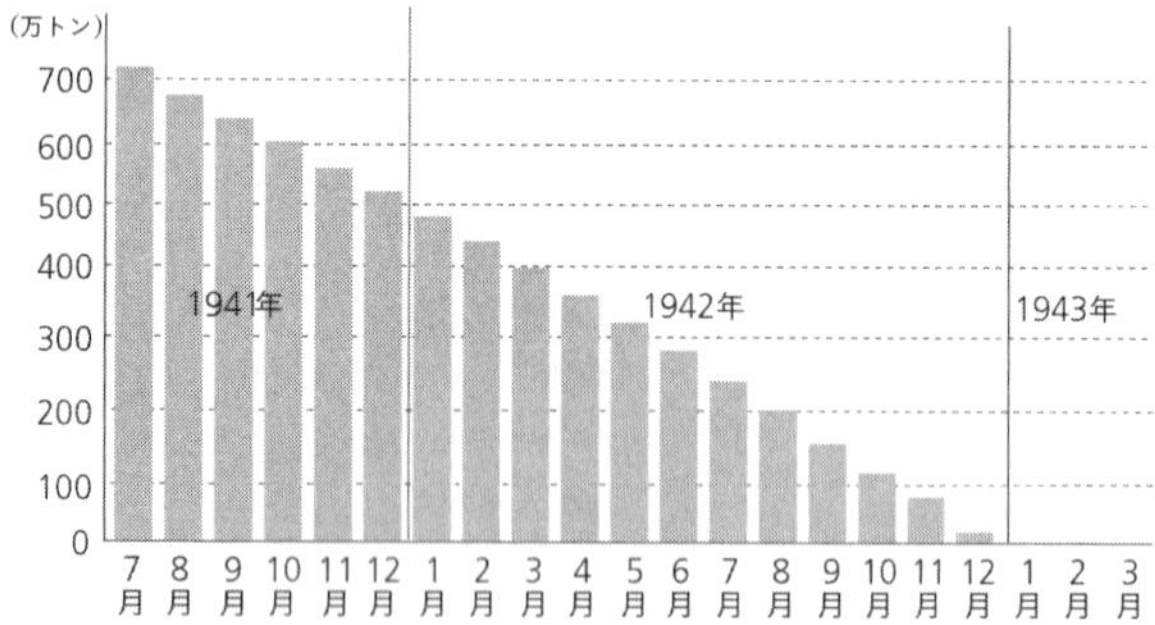

日本の石油備蓄量の推移予想（1941年７月時点）

っては、国家経済の血流を止められるに等しい死活問題となったのである。

　戦時の国家経済を統制していた企画院が作成した資料によると、四一年七月時点で日本に残された石油の備蓄量は七百万トンあまり。一日一万トンの備蓄が消費され、それは平時であっても二年ともたぬ量にすぎなかった。先に輸出制限を受けていた戦略性の高い航空機用燃料などは備蓄が底をつきかけていたとも言われている。

　避戦か開戦か——。

　アメリカの要求に応じて中国から撤兵し戦争を回避するのか、それとも資源調達のために南方地域へと進出するのか。日本は抜き差しならない苦境に追い込まれた。しかし、中国からの撤兵は国内からの、南方への進出は米英からの反発は必至だった。猶予《ゆうよ》のない経済的圧迫に国策の最終決断を迫られた指導者たちは、日米交渉に一縷《いちる》の望みを託し、経済封鎖を打開する途を探った。

しかし、結果は冒頭に記したとおりである。日米交渉が続けられる中、一九四一年一一月二六日、択捉島《えとろふ》ヒトカップ湾を出港した連合艦隊は、ハワイ真珠湾に向けて移動を開始した。その直後、いわゆる「ハル・ノート」が東京に到着した。その内容は、中国と仏印からの完全撤兵など、原則論を繰り返した、日本にとって極めて厳しいものであった。大本営政府連絡会議は即座に対米交渉の打ち切りを決定した。

こうして、政府首脳のみならず、開戦を支持した軍指導部の者たちでさえその多くが「勝算なし」と考えていた戦争に日本は突入していくこととなった。資源を追い求めて始められた戦争がたどり着いた先は、出口も戦略も判然としないまま、やがて泥沼化していくことになる。

大本営政府連絡会議の招集

奇跡的な奇襲の成功で対米戦の緒戦を制したとはいえ、石油や重要資源の輸入を絶たれていた日本に、戦争を継続していけるだけの国力も時間的猶予もそれほど残されてはいなかった。国家の機能が停止する前に、欧米の勢力下にある南方の資源地域を

資　源	獲得量
原油	263%
鉄鉱石	140%
ボーキサイト	230%
ニッケル	425%
スズ	480%
生ゴム	1090%

開戦当時の資源獲得見込み（開戦前比）

逸早く掌握することがこの戦争の最優先課題となった。

南に向かった日本軍は、破竹の勢いでアジア太平洋を席巻しはじめる。開戦から一か月あまりでフィリピン、ボルネオ、マレー半島をほぼ制圧。二月初めにはイギリスの重要拠点シンガポール、さらには莫大《ばくだい》な産出量を誇るパレンバン油田のあるスマトラ島へと迫った。インドネシア地域の石油、マレー地域の鉄鉱石やボーキサイトなど、その後獲得が見込まれた重要資源の量は、戦争前の調達水準を大幅に上回るものとなった。

開戦から二か月後の一九四二年二月四日。初期の目標地域の占領をほぼ確実とした頃、国家のリーダーたちが宮中に集合した。軍と政府のトップが顔を揃《そろ》え国策を検討する事実上の最高意思決定機関である、大本営政府連絡会議の招集であった。出席者は首相兼陸軍大臣の東条英機《ひでき》、海軍大臣・嶋田《しまだ》繁太郎《しげたろう》、企画院総裁・鈴木貞一《ていいち》。そして戦争を指揮する統帥《とうすい》部から、海軍軍令部総長・永野修身《おさみ》、陸軍参謀総長・杉山元《はじめ》。アメリカとの開戦を決定した二か月前と同じ顔ぶれであった。

会議の冒頭、作戦を指揮する統帥部から最新の戦況が伝えられた。東南アジア最大の油田地帯のあるスマトラ島、イギリスの東洋支配の牙城《がじょう》シンガポールの陥落も時間の問題などといった報告がなされると、陸軍や政府関係者に安堵《あんど》の空気が広がった。

主要な議題は「この戦争をどう進めて、どのようにして最終的な決着を図るか」という、戦争の〝止《や》めどき〟を探るものだった。具体的には、現在進行中である南方作戦をいつどこで停止し、資源の備蓄によって長期持久の態勢に移り、どのように戦争を終結に持っていくのか、ということだった。

企画院総裁・鈴木貞一

関係者の証言では、興味深い事実が語られている。緒戦の勝利によって、資源の獲得にある程度の見込みが立ったとみるや、政府と陸軍の方では、すでに戦争の所期の目的に達しつつあるのだから、これ以上の戦線拡大の必要はないという意見が広がっていたというのである。国家経済の計画立案を担《にな》い、統制経済を指揮した企画院の代表者として出席した鈴木貞一が肉声テープに残した証言。

陸軍大臣秘書官・西浦進

「（首相の東条に）これはあと、どういうふうにだね、この戦を収拾する考えだかだな、これをひとつ決めなくてはいかんじゃないかと言って、その案を研究したのですよ。（中略）占領したら、戦争を、日本はもう侵攻は止めたと宣言する方がいいという（考えだった）。日本は生きるためにこれを取るのだ。もうその地域を占領したから、それ以上戦争はしないのだという〝戦争中止論〟だな」

だが、そもそも戦争終結の「目処《めど》」とされるものは、何処《どこ》にあったのだろうか。

日米開戦のおよそ一か月前、対米戦の準備が詳細に討議されていた頃にも、一つの国家戦略プランが検討されていた。「対米英蘭蔣《しょう》戦争終末促進ニ関スル腹案」と題されたそれは、戦争の目的と終結点となる目標を定めようとしたものであった。その中身は、アメリカ、イギリス、オランダの根拠地をすみやかに覆滅し、列強の勢力下にある資源を確保する。そして長期の持久を可能としたうえで国家としての自存自衛の確立を目指すというものだった。つまり、戦争の終着点を「自存自衛の確立」とし、目的の第一を資源の獲得としたわけである。

当初の目的を達したのだから、長期持久に向けた備蓄のために、攻勢を中止してここで戦争の終息を探るべきとする意見が企画院など政府側から相次いだのも、この開戦前の戦争計画を念頭に置いていたからだろう。これに陸軍も同調した。

陸軍などがもともと考えていた対米戦は、あくまでも地域を限定した戦争であった。言わば、〝小持久圏構想〟である。進出の範囲は、おおよそ東はインドネシア、西はビルマ南部まで。それより先は補給も防衛も困難なため手を広げないというものだった。

「大東亜戦争は、考えてみると勝ち目はないんですね。三百万トンの民船で物資を運んでこちらが飢えないということはできるが、勝つ方法というのはないわけなんです。（中略）南方を取ると。そして船でしっかりいいものを持ってきて、今まで油（石油）や何かで困っていたものを少しお腹《なか》がくちくなるようにしてもらおう。そこに何があるかわからないけれど、（そうするうちに）神風か何か、和平の空気がどこからか出て来やせんか」（西浦進《にしうらすすむ》・陸軍大臣秘書官証言）

陸軍の目標は「自給自足態勢」と「不敗態勢」の確立に置かれていた。戦闘をいったん終息させ、獲得した資源を利用しながら国力の充実を図ろうとする政府側の提案は、陸軍の考えに合致するものだったのである。実際に陸軍はこの後、占領地の防衛に必要なだけの兵力を残し、南方からの部隊の引き上げも検討しはじめる。陸軍にとっての主戦場はあくまで大陸であり、太平洋方面でのこれ以上の戦線拡大にはもとより消極的だった。

しかし、このような陸軍の方針に対し、海軍は真逆の考え方を持っていた。当時の海軍の意向を、海軍政策立案の中枢《ちゅうすう》である軍令部で作戦を担当した最高幹部が語っている。

「東条さんはね、南方の占領戦が済んだらね、これでもう戦争は済んだんだと。もう南方からどんどん資源を取ってくればいいと言って。南方にいた兵力は三十五万ですよ。これを二十万に減らすというんですよ。そんなべらぼうなことをされちゃあ。もっと増やしてもらわなきゃいかん」（福留繁《しげる》・海軍軍令部第一部長証言）

海軍軍令部総長の永野修身も、攻勢の停止を検討しはじめた陸軍や政府に対し強く反対する。この時期、シンガポール攻略作戦を間近に控えていた海軍としては、そこで戦争が終わるかのような印象を国民に与えることがあってはならない、戦争はなお長期にわたる旨《むね》を強調し、国民にも覚悟を求めるべきだという考えであった。

海軍は攻撃の続行を主張した。その背景には、アメリカが日本の侵攻をこのまま黙

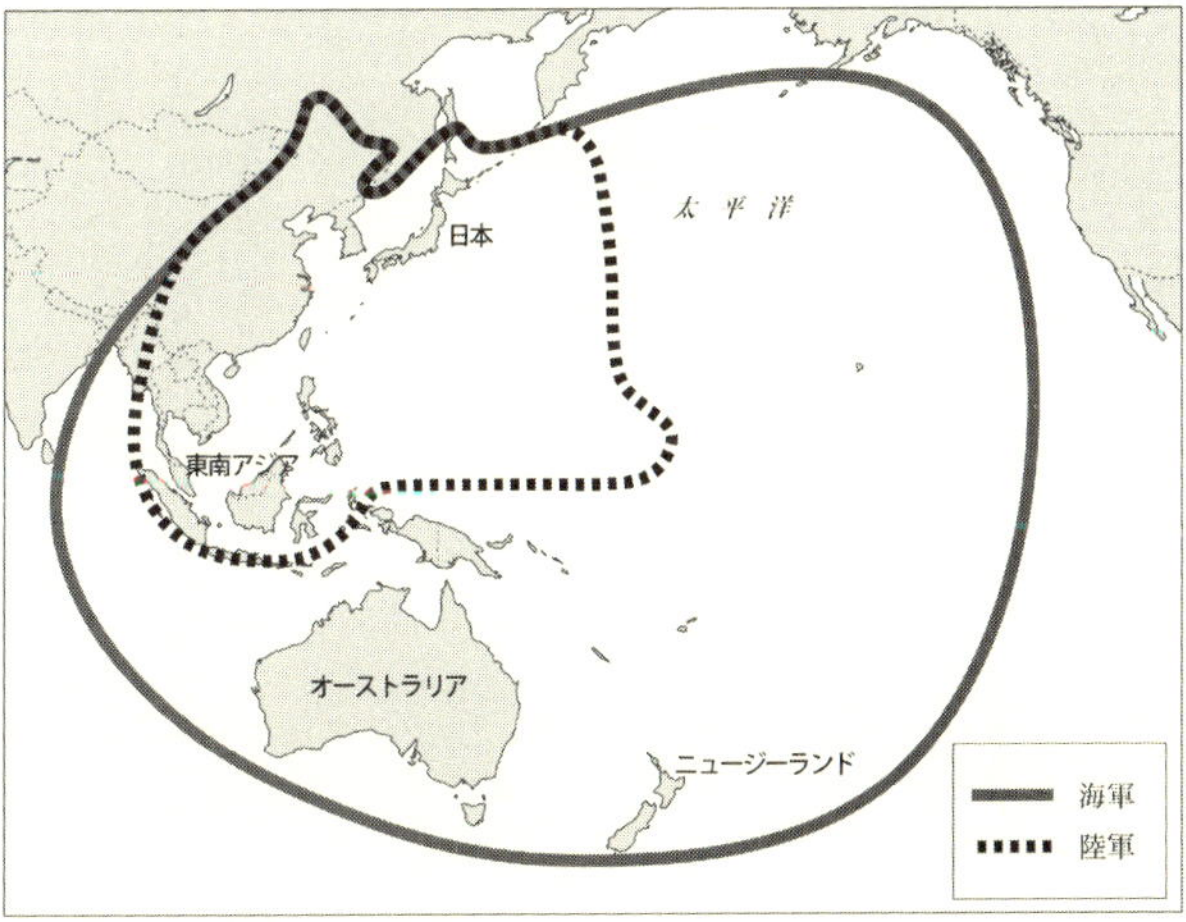

陸軍と海軍が構想した戦線の範囲

って見逃すはずはないという洞察があった。情勢が有利な今こそアメリカに徹底的な決戦を挑む好機である。決戦場は、現在の戦線の遥《はる》か先にあるハワイ、オーストラリア、セイロン島。そこに資源や戦力を惜しまず注ぎ込み、立て続けの圧勝を収めて、アメリカの戦意をくじくことではじめて講和の可能性を引き出せると考えていたのである（「速戦即決」）。

海軍が想定した戦線の範囲は、陸軍の考えとはまるでかけ離れた広大なものだった。積極的な戦線の拡大を指向するその戦略が、防御を優先する陸軍案とは相容《い》れないものだったことは言うまでもない。海軍の中でも拡大策を強く主張していたのが山本五十六《いそろく》ら連合艦隊の首脳部である。強力なアメリカ艦隊と直接戦火を交えることになる以上、その脅威を深く認識していた彼らは、海軍の中でもとりわけ現状を厳しく見ていた。

開戦時、海軍が極秘に作成した日米の戦力予測の資料が残されている。そこでは詳細な数字をもとに両国の戦力の推移が徹底的に比較検討されていた。強大な資源力、工業力を後ろ盾としたアメリカ海軍の戦力増強ペースは凄《すさ》まじく、真珠湾攻撃のダメージからの回復はもとより、わずか一、二年で日本が太刀打ちできなくなるほどの戦力差が生じることが明らかにされていた。アメリカが戦力を整えた後では、いくら守りを固めても、陸軍の考える〝小持久圏〟などひとたまりもないことは明白だというのが海軍の考えだった。相手の態勢が整わないうちに先手を打ち、戦意を喪失させるしかないと分析は結論づけていた。

そうした認識から、海軍は長期持久にこだわる陸軍の楽観論を批判した。政策の立案に関わった海軍省の幹部はこう述べている。

「真珠湾の攻撃が成功しても前途は洋々でないんだと、こういうことだと思うんですね。だからそれほど突き詰めて考えた人と、それから『まぁ、南方資源でも確保したら、五年か十年持ちこたえれば何とかなるだろう』というふうに、いくらか、イージ

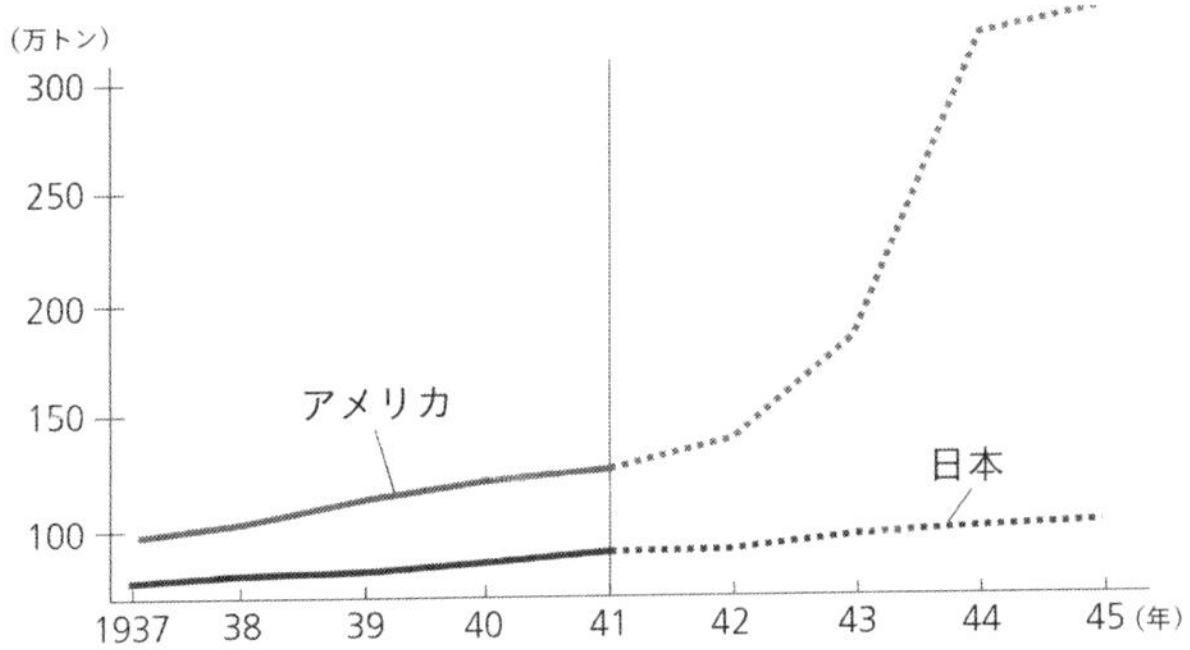

日米海軍の戦力予測（1941年時点）

ーに考えた者と、その違いはあったろうと思うんです」（高木惣吉《そうきち》・海軍省官房調査課長証言）

戦争をどのようにして終わらせるのか、基本となる国家方針は曖昧《あいまい》で、陸軍と海軍はそれぞれの解釈で戦争終結をイメージし、作戦を遂行していく。

大本営政府連絡会議に参集した指導者たちは、そのことの深刻さを次第に悟り始める。

近代日本軍事史に詳しい防衛大学校の田中宏巳《ひろみ》名誉教授は、この時点で方針の一元化がなされていなかった点に、国策そしてのちの戦争の混乱の主因があったと指摘する。

「陸軍と海軍の言っていることは、やはり百八十度違うんです。それで戦争が始まってしまってから、内輪もめをしている。まず戦略を立て、方針を立ててから事を始めればいいのですが、逆になってしまっています。そういうことが混乱の原因、一番大きな原因だと思います」

対立する陸海軍の主張

確固とした方針の決定を先送りし、安易に日米開戦へと踏み切った日本。緒戦を勝利したとは言え、その戦争の方針をめぐって陸海軍の対立はむしろ開戦前より一層深まっていった。このままではいけない――一九四二年二月九日に開かれた大本営政府連絡会議の後、急遽《きゅうきょ》、戦争方針の一元化に向けて陸海軍の中堅官僚たちが動きはじめた。

当時、陸軍省軍務課長だった佐藤賢了《けんりょう》は、その取りまとめにあたった軍官僚の一人である。遺族の佐藤巌さんは、生前佐藤賢了が繰り返し語っていた当時の事情を次のように話す。

「大きな戦争としては日清《にっしん》、日露があるわけですけれども、そのどちらでも、終結の見込みが立たないままに戦争に踏み切ったのだと。それがどういうわけか日本の陸海軍に（体質として）染《し》み付いた。終結の方法を考えずに戦争に入るということを当たり前のこととして考えるようになっていた、ということを聞かされたことがあります」

佐藤賢了は大量の手記を残している。『大東亜戦争回顧録』と題されたそれには、当時の政策立案者としての苦悩が記されている。

「戦争を終結に導く方策は、開戦よりもさきに考えておくべきものであることは、戦争指導の鉄則である。しかし、こんどの戦争は遺憾ながら、戦争終結については自主的計画も見通しもはっきり立てられなかったのである」

大本営政府連絡会議の招集から二週間ほどが経過した二月二二日。東京赤坂の山王ホテルに、今後の戦争方針をまとめるため、佐藤たち陸海軍中枢の課長十人が集まった。連絡会議での意見集約の困難が見込まれる中、議論を陸海軍双方の譲歩可能な落とし所に導くため、事前に国策の原案をすり合わせることが目的だった。しかし、突破口を求めたはずのこの実務者会合でも、議論はたちまち紛糾した。

海軍省の担当者は、海軍が構想した積極策を主張したという。

「緒戦の結果は、非常に偉大であった。この戦果を徹底的に拡張し、敵に立ちなおって反攻に出る余裕を与えないことがきわめて肝要である。太平洋における総反攻の基地は豪州であるから、先手を打って豪州に作戦しようではないか」（『大東亜戦争回顧録』）

あくまでオーストラリアへの拡大攻撃を主張する海軍。陸軍はこの時、海軍から持ち出された豪州作戦に驚きつつ、即座に反論した。

「それはむちゃだ。豪州作戦などは開戦前から計画もなければ考えてもいない。この作戦計画を実行するには、陸軍にはすくなくとも十二個師団を要し、軍隊輸送と補給のため、百五十万トンの船を徴傭《ちょうよう》しなければならない。そんなことをしたら、国家が心臓マヒを起こしてしまう」（同前）

それに対して、海軍が陸軍の方針について問い質《ただ》すと、今度は陸軍が従来の自らの主張を声高に繰り返した。

「経済封鎖は破れた。既定計画にもとづいて占領地域を開発建設し、その資源を内地に運んで戦力化していく。今後、海軍に大いに力を入れてもらいたいのは護衛作戦だ。また、島々に飛行機と防備をほどこして戦略基地網を構成して、敵の反攻を迎え撃つ準備が急務だ。豪州作戦などとはとんでもない」（同前）

陸軍が最も懸念《けねん》していたのは、戦線が伸びきることだった。兵力は移動距離の二乗に反比例すると言われていた。島づたいに南下を続ければ、その度に進出した島の手

東条英機（左）と佐藤賢了

前に補給基地をつくらなければならなくなる。それを繰り返していくうち、前線の兵力は次第に先細りになっていくからだ。陸軍は、この戦線の距離と補給の関係の重要性を、広大な中国大陸で身をもって体験していた。

また豪州作戦には、徴用船舶の数そのものにも大きな無理があった。佐藤の『大東亜戦争回顧録』によると、開戦当時の日本の船舶は約六六〇〇万トン。陸海軍が三九〇〇万トンを徴用し、残りの二七〇〇万トンを国民生活と軍需のための生産用にあてていた。ただし、戦争継続にはつねに三〇〇〇万トンが生産用にあてられていなければならず、初期攻撃が終わった後、軍は一一〇〇万トンを生産用に返すことになっていた。ところが豪州作戦で陸軍だけでも新たに一五〇万トンを徴用する事態になれば、生産用船舶は必要量の半分以下となり、軍需生産も国民生活も立ち行かなくなることは目に見えていた。

戦線が伸びることに対する海軍の認識の甘さは身内も指摘するほどだったようで、輸送や補給に関する疑念は海軍内部でも囁《ささや》かれていた。

「私がいた南方方面でも、陸上防備など敵の上陸に対抗すべき（備え）はほとんど何もできていなかった。南方方面は敵の主作戦線と考えていたはずなのに、こんな状態だった。輸送、補給の面も気掛かりだったので中央にたびたび要求したが、『君は弱気だな』と茶化されてしまう始末。これでは山本長官の『はじめの一年か一年半は暴れてみせる』といった発言もどうかな、と思ってしまった」（川井巌《いわお》・海軍第四艦隊参謀証言）

一方、泥沼化した日中戦争の決着を優先課題として位置づける陸軍は、そもそも海軍主導で始められた南方での戦いに関心が薄く、持久論に終始するばかりであった。海軍は元来、この戦争自体が勝ち目のないものであるという認識を持っていた。緒戦の真珠湾やマレー半島での作戦が成功したとはいえ、米英の反攻は必至であり、戦局が有利なうちに米英を叩《たた》き続けて戦意を喪失させる以外に、戦争終結の道は開けないという判断であった。陸軍に対しても、〝中国大陸でさかんに大長期戦だの、持久戦だのと喧伝《けんでん》していたが、それで解決し得なかったではないか、中国が相手だから持久戦でもつのかもしれないが、国力ではるかに勝る米英相手の大戦争で持久戦などをやっては、それこそ心臓マヒだ〟との思いがあった。短期決戦に持ち込むしか勝つ見込みはないのだと——。

「陸軍というのは大陸ばかりをにらんで国防をやっておる。海軍はアメリカをにらんで西太平洋における決戦ということばかりを考えてやっておる。これを本当に消化して、日本の向かう国策はこっちだ、このけじめが最後までつかないままでいたと」

（佐藤賢了証言）

こうした陸海軍の収拾のつかない対立を、国際日本文化研究センターの戸部良一《とべりょういち》教授は次のように解説する。

「陸軍は、アメリカを叩くなどということは、そもそもあまり考えていませんから。その一番基本的な部分のすり合わせがどうも最初になされていなくて、戦争を始めてしまった。アメリカとの戦争は海軍に預けて、あとはオレ知らないよ、自分たちでやるよという行き方ですから、海軍に対してもなかなか説得力をもち得なかったのだと思います」

決断力を欠いた戦争方針の策定

その後の戦争方針をめぐって陸海軍の対立が収まらない中、日本は、シンガポール、パレンバンを相次いで占領。連合国の拠点陥落の報《しら》せに国民が酔いしれる中、そうした歓声とは裏腹に、戦争方針一本化をめぐる陸海軍の調整は難航、課長たちの焦《あせ》りは徐々に強まっていった。国家の行く末を取り巻く暗雲は、その濃度を増していくかのようだった。

国家の大益をかんがみて、戦争方針という国策の取りまとめにあたったはずの十課長の会議は、しかし、互いに一歩も譲り合わぬ主張ばかりが繰り返され、本来の目的を次第に見失っていく。紛糾する会議はさながら心理戦の様相を呈し、陸海軍とも相手の真意と思惑を探り合うようになっていった。

「陸軍側の主張の要旨は、昭和一七年ごろには対ソ戦をやらなくてはならないということは、陸軍の一致した常識、宿命的なものになっているんだと（いうものだった）。支那《しな》事変（日中戦争）処理のためにも、どうしても日ソ問題を解決しておかなければならない。だから、海軍の軍備は一歩下がってもいいのではないかと。これに対して海軍の言い分は、ソビエトはこちらから挑発しなければ出てこないのではないかと。陸軍の対ソ戦というのは、いったい目的は何処にあるんだと」（高木惣吉・海軍省官房調査課長証言）

「海軍は、戦勝の機会は追撃戦争以外にないという立場を採るほか、陸軍が第一期戦争の一段階を利用して、北方に対し戦争をおっぱじめはしないかという疑いをもっていた。それは必ずしも開戦までと行かないでも、対ソ弾発力の維持強化を理由に予算、資材をもっていかれるのではないかという疑いに通じる。豪州攻略作戦の必要論を強調する際、または陸軍側が戦力の培養強化を主張するのに反対する際、このような空気が感じられた」（甲谷悦雄《こうたにえつお》・陸軍参謀本部第十五課長の回想録手記、防衛庁防衛研修所戦史室戦史叢書《そうしょ》『大本営陸軍部〈3〉』）

証言や回想からは、戦争の最中にありながら、陸海軍という官僚組織の間に抜きがたい相互不信が広がっていたことがうかがえる。

一九四二年二月二八日。会談初日から一週間が過ぎ、連絡会議に上げる「今後採るべき戦争指導の大綱」の原案作成が急がれた。戦線拡大の方針で固めようとした海軍の原案の一文は次のようなものだった。

海軍案：既得の戦果を拡張して、英米の屈服を図る。

この文言に対して陸軍は、海軍は戦線拡大のみを強調している、持久態勢構築が優先であると真っ向から反論、次のような文言を提示する。

陸軍案：既得の戦果を確保して、長期不敗の態勢を確立する。

陸海軍の対立は激烈を極めた。しかし、大本営政府連絡会議へ上げるタイムリミットが迫るなか、陸軍軍務課長の佐藤賢了から次のような折衷案が提示される。

折衷案：既得の戦果を確保して、長期不敗の態勢を確立し、機を見て積極的方策を講ず。

それは、本来全く相容れない戦線の〝拡大〟と〝停止〟という二つの方針を、強引に繋《つな》げたものだった。しかし海軍は、その順番にも噛《か》みつく。「長期不敗の態勢を確立」との文言が「機を見て積極的方策を講ず」の先に来れば、持久態勢完成のあとでなければ攻勢に出られなくなる、と危惧《きぐ》したのである。

海軍は妥協案に抵抗し、「長期不敗の態勢を確立」という文言を削除し、なおも「対英米屈服のため」とする修正を要望した。それに対して、陸軍は、それではまったく意味が変わってしまうと反論、議論は大詰めにいたってなお紛糾し続けた。

結局、十課長の会議ではついに話はまとまらず、参謀本部第十五課長の甲谷悦雄の意見具申に基づき、討議は陸海軍両作戦部長（第一部長）、両軍務局長で構成する陸海軍局部長会議に引き継がれ、調整することが決められた。

そして三月四日、ようやく一つの文案で合意をみることとなった。激烈を極めた陸海軍の論争には終止符が打たれたものの、しかし、そこに現れた国策原案は驚くべきものとなっていた。

佐藤が折衷案として出した「既得の戦果を確保し」という表現は、「既得の戦果を拡充し」と改められ、攻撃継続の含みをもたせる文言へと修正された。また、それに続く「長期不敗の態勢を確立し、機を見て積極的方策を講ず」の前半部が「長期不敗の態勢を整えつつ」と書き改められ、持久策と積極策のどちらともとり得る表現へと差し替えられていた。

原案のとりまとめにあたった佐藤は、この決着を「趣旨不明確」「根本的調整なし」

と断じたうえで、手記にこう書き記している。
「政治はつねに妥協によって進められねばならないが、作戦や統帥には、妥協は禁物だ。それよりもこの妥協が心からの融合一致でなく、別々のハラを作文で一致させたにすぎないところに、のちの大禍根がひそんでいた」（佐藤、同前）
前出の田中宏巳氏は、方針一元化に向けた一連の取り組みは失敗だったと評する。
「議論は尽くしたのだけれども、結局一致点がない。しかし、戦争という非常に極限的な状況が進んでいる中では、一応の方針は出さないとどうしようもないと。それで両論併記のような、要求があったものにずるずると全部応《こた》えていくという、とんでもない戦争指導になってしまった」

ボールは再び連絡会議へ

まさに堂々めぐりの迷走劇というべき事態。大本営政府連絡会議から軍中堅官僚へ、戦争方針一元化の困難を乗り越えるべく投げ渡されたボールは、結局当初の対立を含んだまま両論併記というかたちで投げ返されることとなった。さらに悪いことに、その国策原案は、内実の論理的矛盾を作文で覆《おお》い隠し、見せかけの統一方針の体をなしていた。
三月七日、欺瞞《ぎまん》に満ちたその国策原案は「今後採るべき戦争指導の大綱」として連絡会議に諮《はか》られる（注・「戦争指導の大綱」はこれを初回に、終戦までに計四回策定されている）。中堅官僚たちが断念した方針一元化の決断は、再び国家のトップリーダーたちの手に委《ゆだ》ねられることになった。

「今後採るべき戦争指導の大綱」（第一回、一部抜粋）
一、英を屈服し、米の戦意を喪失せしむるため、引き続き既得の戦果を拡充して、長期不敗の政戦態勢を整えつつ、機を見て積極的方策を講ず。
二、占領地域および主要交通線を確保して、国防重要資源の開発利用を促進し、自給自足の態勢の確立、および国家戦力の増強に努む。
三、一層積極的なる戦争指導の具体的方途は、我が国力、作戦の推移、独ソ戦況、米ソの関係、重慶の動向等諸情勢を勘案してこれを定む。（以下、略）

この文言に対して、連絡会議の席上、まず賀屋興宣《かやおきのり》大蔵大臣から第一項について質問が出た。

「『既得の戦果を拡充して』とは、いかなることを意味するのか」

原案の説明に立ったのは陸軍の田辺盛武《もりたけ》参謀次長である。

「これは、補備的な作戦その他を意味するもので、国家に大きな御迷惑をかけるほどのものではありません」

豪州作戦を念頭に置いた発言であろう、海軍の戦線拡大にクギを刺す応答であった。

あとを受けた武藤章《むとうあきら》陸軍省軍務局長は、第一項後段の「機を見て積極的方策を講ず」の解釈について、第三項に掲げた「一層積極的なる戦争指導の具体的方途」も含まれると説明した。局部長会議の最終調整で文案の妥協に苦労した武藤に海軍に対する遠慮があったかどうかはともかく、それは海軍の積極策を補足的に容認する説明だった。

田辺は武藤の説明をすぐさま打ち消した。

「これは積極的意気込みを表現しただけで、実際やることは第三項を含まない意味です」

海軍の方では、岡敬純《たかずみ》海軍省軍務局長が第一項の要旨を説明した。

「今後防守的になると将来の作戦は困難になります。すなわち我が方が守勢に立てば敵に攪乱《かくらん》させせられる。従って、敵を守勢に立たせることが肝要です」

そう強調した岡は九項目からなる海軍の積極策を披露し、攻勢の必要性を力説した。しばし論争が続いた。文面ではうわべの一致をとり繕っていても、それぞれの説明は矛盾し噛み合っていなかった。文面と説明の齟齬《そご》をくらべた東条首相は「いずれにしても、意味が通らないではないか」と苦悩の色を見せつつ、議論を打ち切った。

（防衛庁防衛研修所戦史室戦史叢書、同前）


結局、文言に大きな修正が加えられることもなく、既定方針と大きく変わるものではないとの理由から全会一致で「戦争指導の大綱」は採択された。

この決定に佐藤賢了は、「いかに激論を交えても、十分意見を調整しなければならなかった」と述懐しつつ、統帥権の独立の弊害を指摘している。

「ここ（連絡会議）は戦略思想にもとづく作戦指導、戦争指導の根本方針に関する議論なのだから、いかに激論を交えても、十分意見を調整しなければならなかった。また、統帥権の独立の弊害が、ここにもあらわれている。統帥部（参謀本部、軍令部）は作戦に関しては、政府側に嘴《くちばし》を入れさせない気持ちが強く、（中略）論じたくなかったのであろう。けれども、作戦を除いたら戦争指導の実はないのだから、狭い統帥権の独立などにこだわらず、作戦の大方針に関する真意を披瀝《ひれき》して、最高首脳者間に

完全なハラの一致を求めなければならなかった」（佐藤、同前）

最後の検討の場においても、自分たちで調整することを放棄してしまった統帥部。そして方針を決断し、対立する組織をまとめて率いていくだけの指導力を発揮できなかった首相。前出の戸部良一教授は官僚組織が及ぼした弊害を指摘する。

「チャンスだったと思いますね。戦争指導という危機管理で良い方向へ切り替えるチャンスだった。それに気づいたからこそ、東条は『これでいいのか』と言ったのだろうと思います。（それまでも）下から議論を積み上げてきたものは、上がいつも承認していますよね。官僚的な意思決定の手続きで、それが平時から常習的になされてきたわけですから、戦時であってもそのまま踏襲されたわけです」

戦争の停止か拡大か、この歴史の重大な転換点において、国家の指導者たちは決断を下すことができなかった。戦争方針の一元化を果たせず拡大策を事実上容認した国策は、官僚たちの作文のまま天皇に上奏されることとなった。

すると間髪を入れず、三月七日の同日、海軍が一線を越えた。オーストラリアと目と鼻の先に位置するニューギニア島に上陸、連合国の拠点ポートモレスビー攻略を狙《ねら》った作戦を開始したのである。相容れない方針をそのままにした結果、日本は拡大していく戦線に自らが引きずられるように戦争を広げていくのだった。

絡み合う経済界の利権構造

緒戦の勝利に舞い上がり、国家としての統一した方針が定まらない中、陸海軍が〝それぞれの戦争〟をバラバラに行っていく。南方戦線は拡大し、新たな占領地を生み出していく。だが、確固とした戦争計画さえもたない日本に、事前に準備された占領地経営の計画などなかった。

獲得した占領地の経済や政治の運営を如何《いか》にすべきか――。早急な対応が求められる中で、統治方針の概念として持ち出されたのが「大東亜共栄圏」という考えだった。それは、欧米列強の植民地支配からアジアを解放し、東アジア・東南アジアに日本を盟主とする共存共栄の国際新秩序を建設しようという壮大な構想であった。ただし、より具体的に言えば、日本、満州国、中華民国を一つの経済共同体（円ブロック）とし、東南アジアを資源の供給地に、南太平洋を国防圏とした、自存自衛のための「日本の生存圏」を意味するものにほかならなかった。

「大東亜共栄圏」の是非をめぐる議論はいまなおあるが、少なくとも、列強から奪い取った地を「侵略」ではなく「解放」とする概念が、占領地政策を進めるうえで、日本にとって都合のいいものだったことをうかがわせる一つの史料が残されている。「大東亜建設審議会」と銘打たれた首相直属の会議の議事録である。

一九四二年三月、首相官邸に大企業の経営者、経済界のリーダーたちが多数呼び集められた。今後の占領地経営、つまり「大東亜共栄圏」の経済運営に、専門家として関わってもらおうというのがその趣旨だった。この会合は、いわば占領地経営における政策諮問《しもん》委員会とも呼ぶべき性格のものだった。会議の議事録によると、大企業のトップからは次のような発言があったことがわかっている。

「極端に言いますれば、向こうから取ってきた資源は、対価を払わなくてもよろしい。タダで取る。いわゆる出世証明のような方法で、支払いは百年先でもよろしいというふうに私は思うのであります」（満州重工業開発会社総裁・鮎川義介《あゆかわよしすけ》）

「しかし、お前たちは裸でおれ、食うものが無くなったら死んでもやむを得ない、という政治を露骨に実行し得るかどうか」（王子製紙社長・藤原銀次郎《ぎんじろう》）

「日本を中心として搾取《さくしゅ》していかねば続かぬということは、ごもっともな意見ではありますが、そこは公明正大にカムフラージュすべきかと」（鐘淵紡績《かねがふちぼうせき》社長・津田信吾《しんご》）

「大東亜共栄圏」という発想自体は二年ほど前から盛んに喧伝されていたが、具体的な建設方針が討議されるのは開戦後のこの頃からである。参加者たちの多くは、占領地からの露骨な搾取を容認する発言を寄せた。そうした意見に躊躇《ちゅうちょ》をみせる参加者たちも一部にはあったが、会議の首座にあった政府代表が態度を決めかねる者たちの背中を押した。

「私はこう思う。今日、日本がやっておることは、欧米の思想からみれば搾取であるかもしれぬ。しかし、自分のなすことに正義感をもってやる場合には、搾取という思想にはならないと思う」（鈴木貞一・企画院総裁）

悪化する国内の経済情勢にあえいでいた経済界は、新たなビジネスチャンスとばかりに軍の戦線拡大に大いに期待を膨らませた。かつての中国大陸と同じように、今度は南方の占領地へと、日本企業は続々と進出していくのだった。

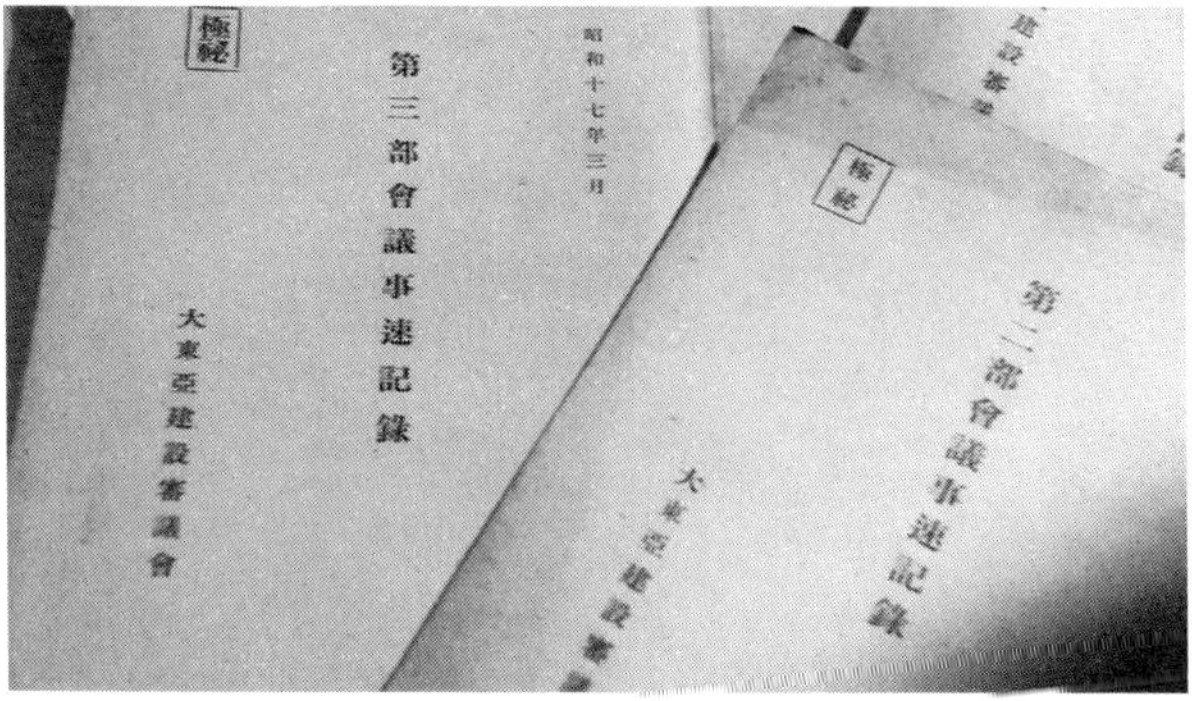

大東亜建設審議会議事録

日本の戦時経済に詳しい大東文化大学の柴田《しばた》善雅《よしまさ》教授は、研究資料を取り出しながらこう説明する。

「南方への進出に手を挙げた企業の、政府決定がこのようなかたちで載っています。日本帝国の拡大とともにビジネスチャンスは外へと広がり続けたんですね」

南方への進出企業は資源開発や輸送、現地のインフラ整備など多岐の業種にわたり、巨大商社から中小企業まで、じつに四百八十社に上った。現地への進出は、表向き各省が企業の選定から決定までを行っていたが、実際には占領地軍政を統括する軍中央の意向が大きく影響を及ぼしていた。そのため企業は先を争うように、便宜を求めて軍に接近した。

当時企画院で調査官を務めていた田中申一《しんいち》は、そうした南方の開発事情に通じていた人物の一人である。田中の手記によれば、海軍省の廊下には連日、南方進出を希望する業者が担当者との面会を求め、列をなしていたという。

手記の中には、海南島《かいなんとう》進出のための陳情に訪れた業者と海軍中佐との生々しいやり取りも描かれている。

業者「昨日の話の続きになりますが、海南島進出はどうしても駄目でございましょうか」

中佐「昨日も話した通り、むずかしいな。あそこの鉄鉱石については日本鉱業が採掘から輸送、本船積込みまで一貫して独占しているんだ。その中に入って君が一手にあの鉄鉱石の販売をやろうといっても無理というものだよ。（中略）どうだニューカレドニアのニッケルをやってみんか。（中略）この戦争は予想以上に拡《ひろ》がるぞ。マレーや蘭印など、もう利権屋がほじくりかえしたところに割り込まないで、来《きた》るべき新占領地域に先手をうって置く方が君等にとって有利だぞ」

業者「は。でもニューカレドニア島といえば、オーストラリアよりももっと東ですし（中略）」

中佐「どうしてもニューカレドニアが嫌なら、オーストラリアの鉛の鉱山でもいいと思うが、この方は陸軍との関係が複雑だから俺一人の考

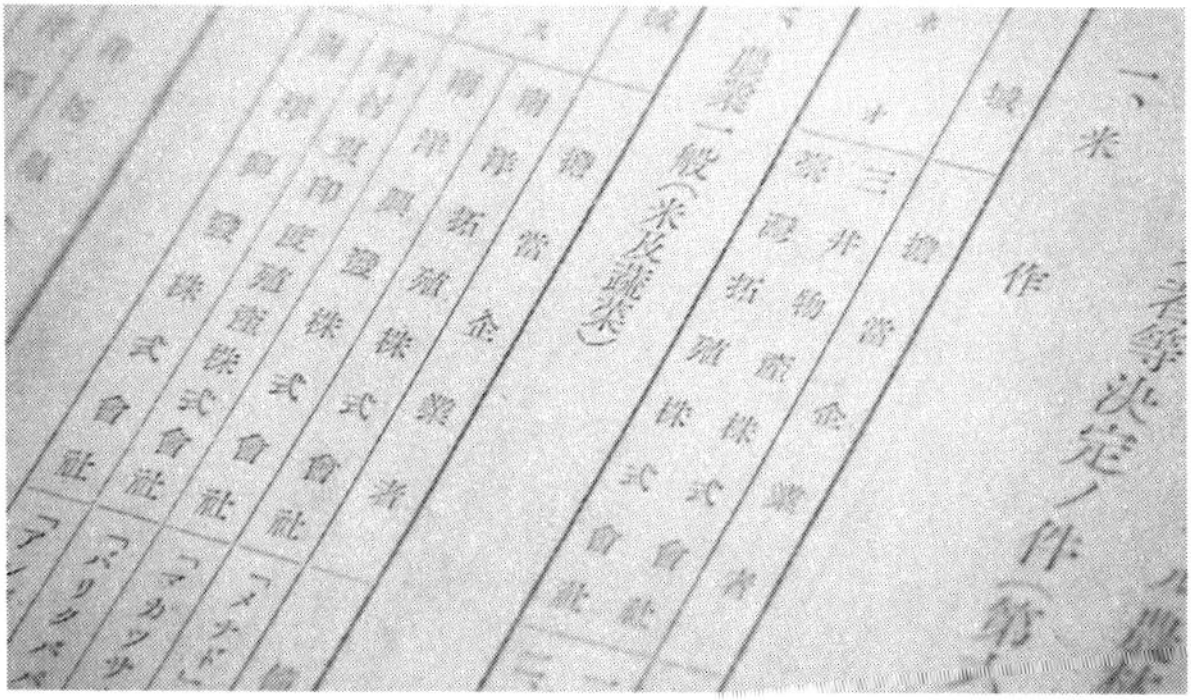

政府決定によって南方へ進出した企業の名が記された資料

企画院調査官・田中申一
（提供・毎日新聞社）

えではきまらぬかも知れん」（田中申一『日本戦争経済秘史』）

　こうした軍と企業の近すぎる関係を、田中は酷評している。

「戦争は軍を汚辱する。戦時を通じ軍はいろいろな意味で娑婆《しゃば》気《け》を出し、与えられた絶大な権力の悪用によってはなはだしくスポイルされていったが、南方資源をとりまく利権屋との醜悪なる野合こそ、その最たる動機として数え上げることができるだろう」（同前）

　軍と企業は互いの利益を求めて不透明な関係を深めていった。さらに生々しい実態を伝える資料もある。戦後、通商産業省（現・経済産業省）が戦前の経済政策を調べるため、旧商工省などの官僚百人以上から聞き取り調査した五百本に及ぶ膨大な量の音声テープが見つかっている。当時、経済行政を担当する大勢の商工官僚が南方に派遣され、軍と企業の癒着ぶりを目の当《ま》たりにしていた。

「内地からは、いわゆる利権屋というような人もおいおいやって来まして、軍から命

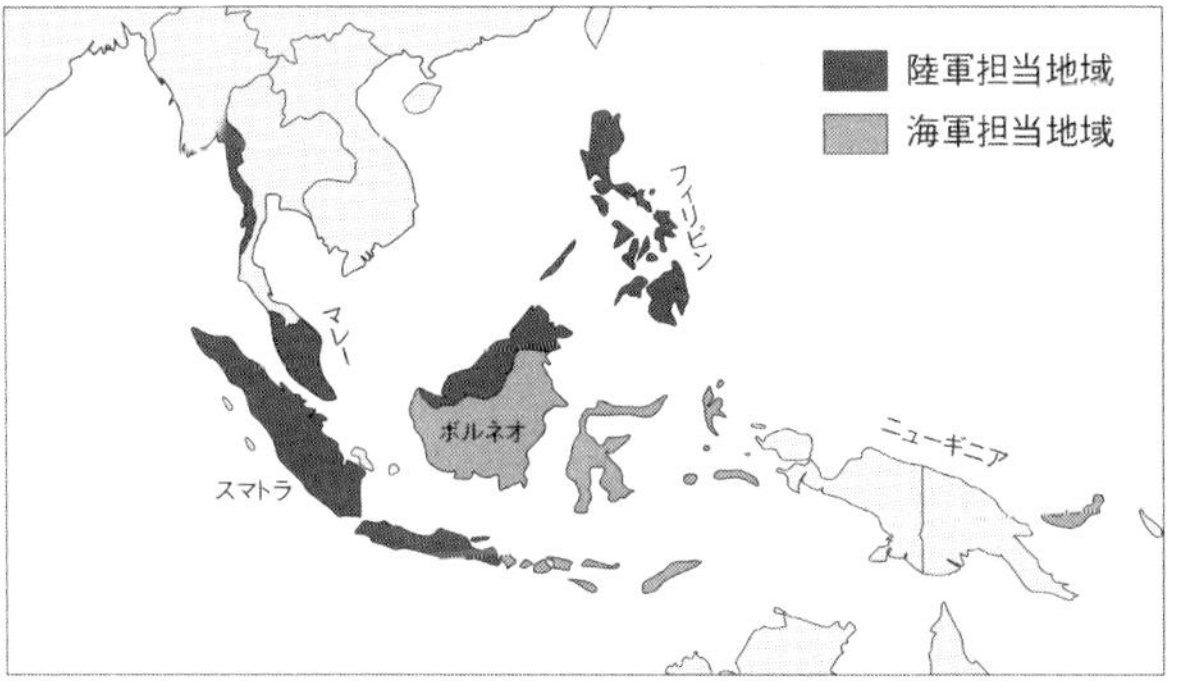

南方における陸海軍の担当地域

令がましく、それに便宜を供与してやってくれというようなことを言ってくるのには、ずいぶん手を焼いた次第であります」（齋藤大助・商工官僚証言）

「現地軍は現地軍で勝手なことをやる。我々が内地のそういう担当業者というのを全部決めてね、こういう仕事はどういう会社にやらせる。たとえば発電所を担当するにしてもね、発電の電気の事を担当する会社っていうのは、それぞれの各省で、東京で決めてきておるわけです。ところが現地は現地で、ヤミ屋みたいな何だか分からん奴《やつ》がのこのこ出てきては、こういう仕事をやらせろ、こういうことをやらせろというようなことを持ち込んでくる奴がいる。ところが、現地軍は現地に都合のいい奴にやらせるわけだ。あいつはよく協力しているから、お前に任せると。そういうやり方を

やっているわけだな」（鈴木重郎・商工官僚証言）

南方へと占領地域が広がるなか、陸軍と海軍は調整を図り、資源開発の優先分担区域を取り決めた。それぞれの区域で、軍と企業の癒着はさらに深まっていったとみられる。

南方政策を担当していた海軍省の幹部が当時の様子を証言している。

「海軍は田舎の方の、ボルネオとかスマトラばっかりでしたけれども、それでさえもう、じつに乱脈をきわめてですね。それこそ素人ばっかりの軍人、ことに陸軍のほうはもっと酷《ひど》かったようですがね、そこへ野心家が入ってきてかき回すんです。利権ばかり漁《あさ》って。それを私は見てですね、これじゃあとても南方資源どころじゃないと。国力の消耗に過ぎないのじゃないかという感を深くしましたね」（高木惣吉・海軍省官房調査課長証言）

南方占領地域における軍と企業の癒着の実態を調べた前出の柴田善雅教授は、軍による利権の追求も戦線拡大の一因になったと指摘する。

「戦争遂行とその先にある究極的な勝利という目的はあったと思いますが、その過程では、軍事侵攻が同時に自分たちの利権の拡張の場ということにもなるわけです。（組織として）自分たちのテリトリーを広げたいという欲求ですね。それは大変強い

ビルマ北部のエナンジャン油田へ進攻する陸軍

ものがあったと思いますので、東南アジアの核をなす地域以外で、軍が（占領地を）もっと広げたいと思ったのは間違いないと思います」

混乱する戦時体制

一九四二年四月下旬、陸軍と海軍は先を争うように新たな攻勢に転じはじめた。海軍はオーストラリア進撃を視野に入れ、その手前に位置するニューギニアを制圧すべく、拠点であるポートモレスビー攻略（MO作戦）を本格化させた。同じ時期、陸軍はビルマ北部への侵攻を開始した。持久態勢構築のため戦線の拡大を控えてきた陸軍だったが、中国の補給線遮断と油田（エナンジャン油田）確保を目的に、当初の予定にない地域への戦線の拡大に踏み切ったのだった。

うがった見方をすれば、ある意味、戦いの相手はもはやアメリカではなくなっていたのかもしれない。戦争の主導権をめぐる陸海軍の対抗意識は凄《すさ》まじく、軍の内部対立は隠しおおせないほどに高じていた。予算や物資の配分、ことに鉄やアルミなど南方で獲得した戦略物資の奪い合いは熾烈《しれつ》なものとなった。

「（物資の）配分計画を、会議を開いてですね、決めるわけですよ。（陸海軍）どっちも、これでいいという人はないわけです。みんなが、オレのところはコレを増やせとかね」（湊慶譲《みなとけいじょう》・海軍省兵備局課長証言）

「要するに、我々の努力のほとんど八割くらいまでは海軍との問題ですよ、本当のところ。陸海軍の（物資の）配分はどうかというと、陸海軍の間に投げ出して、『陸海軍でお分けなさい』とこうなるわけです。ちょうど飢えた二匹の狼《おおかみ》のなかに一片の肉を投げたのと同じようなことですから。陸海軍の闘争というのが起こるのは当たり前なんですね」（西浦進・陸軍省軍事課長証言）

戦争体制の混乱は、物資の輸送用に民間から徴用した船舶の分配をめぐっても引き起こされている。

「陸海軍の連中がワーワーと言って、軍の（船舶）徴用が増えたわけですよ。どんどん徴令が来て、取られて。それで物動物資の運ぶ数が少なくなってくる。鉄鉱石は来ない。石炭が来ない。米も来ない。非常に（徴用を）押しつけられるわけです。それで軍の徴用に対する反発が起こって、出さんということを企画院がやったわけです。しかし軍部から『作戦の必要上どうしてもこれが要るんだ』と」（田中申一・企画院調査官証言）

企画院は開戦前、戦時の経済運営に関する計画を作り上げていた。通称「物動」と呼ばれた「物資動員計画」である。占領地からどれだけの物資を獲得し、どれだけの船で国内に輸送、工業生産に配分すれば、国民経済を円滑に回しつつ戦争を継続できるかをシミュレーションしたものだった。それは開戦の可否をめぐる議論で土台とされたことからも戦時体制の重要な前提であったことは明らかだが、そのデータにしても、いくつかの希望的数値を基にした微妙な計算の上でようやく成り立つものだった。「船舶貸与計画」の内容については海軍のオーストラリア作戦との関係ですでに述べたが、いずれにしろ当初の計画をほとんど度外視した軍の要求は、たちまち戦時下の日本経済に混乱をもたらした。国内は鉄などの戦略物資を皮切りに、次第に深刻な物不足に陥っていき、国民は窮乏生活を余儀なくされるのだった。

ミッドウェー海戦の山本五十六の真意

そして一九四二年五月末。転機というべき、国家の「調整機能の崩壊」を象徴する作戦が動き出す。海軍連合艦隊が対米戦の一大決戦と位置づけたミッドウェー島の攻略である。

ミッドウェー島は北太平洋のハワイ諸島北西に位置し、アメリカ海軍の太平洋地域の最重要拠点ハワイを防衛するうえでも、また太平洋を横断する航空機の給油地としても、非常に重要な意味をもった軍事拠点であった。そこにアメリカ主力機動部隊をおびき出し、一気に叩く。太平洋艦隊を徹底的な壊滅に追い込むことでアメリカの太平洋地域における継戦意欲を喪失させ、早期の終戦を目指すという、山本五十六司令長官肝いりの積極作戦であった。その構想には、ミッドウェー攻略のみならず、ハワイへの侵攻も含まれていた。

だが作戦は、陸軍などが考えていた自給圏をはるかに越えたものである。陸軍の反発は当然として、その内容には海軍内部からも異論が相次いだ。

「とてもハワイは持ち切れない。あそこを持ちこたえることができないということです。それはもう戦線がずっと南方に広がってますからね。これを補給するだけでも大変なんですよ」（保《ほ》科善四《しなぜんし》郎《ろう》・海軍省兵備局長証言）

「無駄だというふうに私は考えていました。手を広げれば広げるだけ、こっちの弱み、弱点が出てくる。そんなことをしなくたって、もっとコンパクトにしときゃいいのだと。あんなところまで何のために出て行くんだろうと。私は反対だった」（井上成美《しげよし》・連合艦隊幹部証言）

山本五十六（提供・共同通信社）

大本営と連合艦隊司令部は激しく対立した。海軍軍令部ですらハワイの攻略・維持など到底不可能と判断しており、むしろイギリスを圧迫するため、インド洋方面に作戦を展開すべきと考えていた。だが、本土から占領地まで広範な地域の海上防衛を担《にな》わされた連合艦隊は、真珠湾攻撃以降、米軍の攻撃による実際の被害は少なかったとはいえ、戦力的に受身に回る作戦は困難との認識を示していた。

つけ加えて言えば、真珠湾に始まる最初の作戦計画が終わりに近づき、第二段階の作戦の立案が急がれていたという事情もあった。

長官である山本自身、作戦の強引さは自覚していた。しかし、ミッドウェー海戦の約一か月半前、アメリカの爆撃機によって東京が空襲されたことに強い危機感を持った山本は、アメリカの本土空襲に備えて、その拠点となるミッドウェーを逸早く攻略しなければならないという強い焦燥感を持っていたともいわれる。こうして、海軍で誰もが一目を置くこの重鎮から「職を辞す」との覚悟で挑まれた軍令部の中には、決然と異を唱えて山本を説得する者はいなかった。最終的に、この積極策は陸海軍統帥《とうすい》部の反対を強引に説得するかたちで実行に移されることとなった。

山本はいったいどんな心境だったのだろうか。当時、山本と親しかった桑原虎雄《くわばらとらお》という海軍将官がいる。桑原は航空のスペシャリストで、日米開戦を第三航空戦隊司令官として迎えた。一九四二年四月、桑原は青島方面特別根拠地隊司令官に転任を命じられ、赴任の途中、柱島《はしらじま》（山口県岩国市）の連合艦隊司令部を訪ねている。旗艦「大和《やまと》」の長官室へ挨拶《あいさつ》に赴いた桑原は、そこでの山本とのやり取りを書き残している。

「退任のあいさつののち山本長官と二人だけで雑談した。その際私は長官に戦争の見通しについて個人的意見を尋ねた。長官は『今が戦争のやめどきだ。それには今まで手に入れたものを全部投げ出さねばならない。しかし中央にはとてもそれだけの腹はない。われわれは結局斬《き》り死にするほかはなかろう』と答えた」(桑原虎雄中将の戦後回想、防衛庁防衛研修所戦史室戦史叢書『大本営海軍部・連合艦隊（2）』)

山本は講和のチャンスと認識しながらも、政府中央の決断力、指導力不足を見越し、その実現は困難との見方をしていた。元来、勝ち目のない戦いである。ならば、戦況の良いうちに、アメリカを叩き、戦意喪失させ、そこから和平の道を探ろうと思ったのかどうか――。

一九四二年六月五日(日本時間)。ミッドウェー海戦の火ぶたは切って落とされた。アメリカの二倍に及ぶ戦力を結集しながら、しかし予想を上回る米軍の反撃により、日本は敗れる。虎《とら》の子の空母を四隻《せき》、航空機は二百八十九機を喪失し、日本の機動部隊はほぼ壊滅した。他の艦船も損耗は激しく、乗員・搭乗員の死亡者数は総計三千五十七名とアメリカ側の十倍を数えた。今後の攻勢はもちろんのこと、占領地域の防衛にも大きな影響を与える致命的損害と言えた。

海軍の、というより日本の描いた戦争構想を根本から揺るがすような惨敗《ざんぱい》である。にもかかわらず、ミッドウェー敗戦の重要情報は、国民はもとより、国家の指導者たちにも共有されることはなかった。

「（それまでは）海軍がしょっちゅう連絡会議に来て、情報部長がいろいろな説明をするんだよ。ところが、ミッドウェーのあった頃から何も戦の話をしないんだね。アリューシャン方面のサケマス船団の話をしたりなんかをしているんですよ。僕は非常に憤慨しちゃったんだ」（鈴木貞一・企画院総裁証言）

ただし、敗北の事実は極秘裏に東条首相には伝えられていたようである。東条の側近で、この戦いのほんのひと月ほど前まで秘書官を務めていた西浦進は東条に呼び出された時の様子を次のように語っている。

「『四隻とも全部やられたか』といって、さすがに大臣も『うーん』と唸《うな》っていましたが、しばらく経《た》ってから『秘密は守ろう。海軍の頼みだから秘密は守ろう。それから、この機会に海軍の非難は一切するな』ということだった」（西浦進・陸軍省軍事課長証言）

陸軍の佐藤賢了も、ミッドウェー敗北の隠蔽《いんぺい》について、次のように書き残している。

「（田辺参謀次長を）見るとたいへん気分のすぐれない顔をしているので、『何かあったのですか』とたずねると、田辺次長は声をひそめて『海軍が大失敗をやったよ』と言う。『精鋭の航空母艦四隻やられてしまった。陸軍の反対をおしきってやった結果がこの始末だ。全くがっかりしたよ。（中略）オイ、士気に関係するから、このこと

ミッドウェー海戦で撃沈された日本海軍の空母「飛龍」
(提供・共同通信社)

はだれにもいってくれるな』」（佐藤、同前）
大本営の陸海軍に対する情報統制は厳しく、前陸相の畑俊六《はたしゅんろく》さえ真相を知らされなかったというほど、その緘口令《かんこうれい》は徹底していたという。事後、作戦の失敗をめぐって責任者が処罰されることもなく、ミッドウェーの敗戦の真相は闇《やみ》に伏せられたのである。

戦場に残された兵士たちの証言

果てしなき戦線の拡大。それは当初の想定範囲や補給能力の限界を超えた、日本の戦略的破綻を意味するものだった。しかし、ミッドウェーの敗戦にいたってもなお、その拡大方針に変化は訪れなかった。
資源や補給船は陸海軍でバラバラに運用さ

れる一方で、作戦情報も共有しないまま南方へ送られた兵士たちは次々倒れていく。日本が防戦一方となってから敗戦までの期間、南方で従軍した元兵士たちは、いったいどのような苛酷《かこく》な状況に追い込まれたのか。最後に、元兵士たちの証言を紹介したい。

ミッドウェーでの戦いに惨敗した日本軍は、急遽《きゅうきょ》ガダルカナル島へと転進した。ガダルカナル島はオーストラリアの北東、南太平洋西部に位置するソロモン諸島最大の島で、米豪連携の要地であった。作戦は連合国の連絡を絶つことがその目的だったが、ミッドウェー敗北の事実を伏せる意味合いも多分に含んでいた。

ミッドウェー上陸のため大本営直轄《ちょっかつ》で編成された一木《いっき》支隊は、上陸作戦の中止を受けてグアム島に留め置かれ、ガダルカナルの戦場へと転用された。旭知輝さんはその一人だった。

「みんなね、みんな戦車のね、やつでね、ピクピクピクピク動いてるやつ、ピチピチピチピチアリ潰《つぶ》すようにして、アメリカの奴が潰していったんだから。忘れねえわオレ。あれ見たら」

十分な備えも情報もなかった一木支隊は壊滅した。戦闘に参加した九百十六名中、生きて戻れたのはわずか百二十六名にすぎなかった。ガダルカナルではその後も数次にわたり陸軍による大規模な攻撃が試みられたが、武器も食料も尽きた兵士たちの多くが飢餓や病気によって倒れていった。ガダルカナルに上陸した将兵約三万のうち、戦死者は二万人以上を数えた。

明らかに退勢を見せ始めた日本はその後、連合軍の激しい反撃の前に戦線の縮小に追い込まれていく。しかし、それでも陸海軍は協力して守りに徹することはなく、場当たり的な攻撃を繰り返していく。

ポートモレスビーの攻略にはじまったニューギニアでの戦いはさらに凄惨《せいさん》をきわめた。陸軍佐倉歩兵第二百二十一連隊の一員として従軍したのが宮嵜喜重さんである。

「(亡《な》くなった兵士の写真を見ながら) 彼も亡くなっているし、彼も亡くなったし……。軍隊は (現地のことを) あまり知らないで南方に連れてって、ええもんだと思ったら、みんな死んじゃって……一人も生きてないんだよ……」

元陸軍上等兵だった川手梁造さんはこう話す。

「(上官が)『お前を連れて帰るような元気な兵隊は一人もおらん。だからお前、死ね』と (傷病兵に) 言うと『死にます』言うんです、『はい、死にます』と。『よし拳《けん》銃《じゅう》貸してやるけん死ね』言うて、拳銃貸したらね、『天皇陛下万歳!』ダーン。泣さ

18万人もの犠牲者を生んだニューギニアへ送り込まれた日本兵
（提供・朝日新聞社）

ますよ……」

補給を絶たれた現地軍は自給自足を余儀なくされた。しかし、熱帯のジャングルである。食料の調達は容易ではなく、耕作によって得られるタロイモなどは良い方で、草の根からトカゲ、昆虫まで食べられるものはすべて食べたという。結局、戦闘は終戦まで続き、ニューギニア戦線に投入された二十万を超える将兵のうち、戦死者は十八万人に及んだ。

杜撰《ずさん》な作戦の最も象徴的なものは、戦争末期の一九四四年三月から七月にかけて行われたインパール作戦だろう。陸軍は戦局を一気に打開しようと、連合軍の補給拠点であるインド東部のインパールを攻略しようと試みた。しかし、最新の戦車をはじめとした連合軍の近代兵器に歯が立たず、肉弾攻撃で応じざるを得ないほど、それはお粗末な戦いだった。とくに補給に関しては完全に軽視されていたため、その退却路は「白骨街道」と呼ばれるほど多くの餓死者を出した。元陸軍曹長で、現地で戦った相澤末蔵さんは次のように語る。

「もう、しょうがない。ここまで来たんだから、早く行って戦闘して、早く戦死することが日本に一番早く着くことだと。生きてりゃ、日本へは一番遅くなるぞと」

インパール作戦での死者は七万二千に上ったと言われる。

やみくもな戦線拡大が破綻《はたん》し、その後の計画を何も持っていなかった日本。国家の指導者たちは、最後まで敗北を受け入れることをためらい続けた。その先に待っていたのは、想像をはるかに超える数の国内外の犠牲者であった。

（執筆・相沢孝義ディレクター）

解説

なぜ、戦争を終わらせることができなかったのか

——戦争指導・利権・セクショナリズム

泥縄式の戦争指導とふたつの軍隊

防衛大学校名誉教授　田中宏巳《ひろみ》

開戦前の作戦計画

――太平洋戦争の緒戦に日本は連続勝利を収めました。当初、この戦争の作戦計画は、どのようなものだったのでしょうか。

田中　開戦直前の作戦計画では、第一段作戦と第二段作戦がありました。まず第一段作戦では、南方の資源地帯を確保して防備体制を堅固にする。その次の第二段作戦では、いずれ反攻してくる米軍を「東洋海面」で撃破しようということを設定していはす。この「東洋海面」というのが具体的にどの辺りを指しているのかは、はっきりとはしていませんが。ともかく、この設定に基づいて開戦をしたわけです。そして実際に開戦したところ、フィリピンの攻略には時間がかかりましたが、それ以外のイギリス領マレーやオランダ領東インドでの作戦は予想以上にうまく行きました。

その後、一九四二年三月にもう一度作戦計画の見直しがあるのですが、それを見ると、アメリカをあまり相手にしていなくて、まずはイギリスを攻撃するということに主眼が置かれています。そして、そのために、それまで全く計画していなかったセイロンやオーストラリアに進攻し、そこを完全に押さえた後に、アメリカの基地を攻撃して、米軍を誘い出すという戦略になっています。要するに、まずはイギリスを叩《たた》いて、アメリカとはそれからゆっくりと戦えばよいという、諸情勢を無視したというか、アメリカの戦力充実を軽視した判断をしている。それぞれの実力を正しく見極めないまま、決めたような計画です。

開戦直後のこの時期に行われた作戦計画の大きな変化を見ると、軍の中枢《ちゅうすう》部の人間たちは、自分たちの能力に過剰なほどの自信を持っている、と同時に、戦争の立ち上がりが遅いアメリカを見くびっているような感じも受けます。

――開戦の決定は、薄氷を踏むような思いでなされたわけですよね。振れ幅がすごく極端な気がしますが。

田中　おそらく開戦前には、イギリス領マレーもオランダ領東インドも、あれほど短期間で占領できるとは、誰も思っていなかったのだと思います。ですから、そのわずか数か月後の作戦変更なのに、開戦前の態度とはガラッと変わってしまっている。軍の中枢部の人間たちは、本当に有頂天になっていたのだなあということを私は感じますね。

「今後採るべき戦争指導の大綱」

――先ほど言われた一九四二年三月の作戦計画の見直しとは、具体的には、大本営政府連絡会議で決まった「今後採るべき戦争指導の大綱」ですね。この大綱の内容をめぐって、その年の一月末から二月にかけて、陸軍と海軍の十課長の間で話し合いが行われています。その時、陸軍の方では、太平洋方面の戦いに関しては、どこで終結にするのかを早く決めるべきだと考えていたと言われています。なぜ、陸軍はこのように考えたのですか。

田中　陸軍にはまず、中国大陸での戦争を決着させたいという思いがあるわけです。太平洋方面は早く終わらせて大陸に戻り、そこを解決したいというのが、陸軍の変わらぬ方針ですね。ですから、ずるずると南方に戦域を広げていくということを、陸軍はとにかく避けようとした。開戦前に決めた、南方の資源地帯を押さえたらそこで終わりという方針をここでも主張し続けたのではないかと思います。

――陸軍にとっては、あくまでも中国大陸が大事で太平洋での戦いは本筋ではないということでしょうか。

田中　陸軍も南方に行くこと自体は了承しているわけですね。ただ、陸軍の考える「南方」というのは、あくまでもイギリス領マレーからオランダ領東インドくらいまでの範囲であって、それより東の方に行くという気など元からなく、いわば海軍に付き合っているわけです。〝やりたくてやっているのではない〟というのが、陸軍の偽らざる本音だったのではないでしょうか。

――極端に言えば、太平洋での戦いは海軍の戦争であり、自分たちにはあまり関係ないというぐらいの位置づけだった。

田中　まあ、そのぐらいの差はあったのだと思います。おそらく、陸軍の指導者たちは、太平洋方面で戦うという気持ちは、ほとんど持っていなかったのではないでしょうか。

――では、陸軍には、具体的な戦争終結のイメージのようなものがあったのでしょうか。

田中　終戦あるいは休戦のお膳立《ぜんだ》てをするのは、海軍の仕事とおそらく考えていた。我々はあくまでも海軍の要請に従っているだけであって、アメリカやイギリスとの休戦は、海軍が責任を持って行うべきである、と考えていたのだと思います。陸軍の方は中国大陸を解決して、日中の新しい体制をつくる。「終戦構想」とまで言えるかどうかはわかりませんが、それが陸軍の目標だったと思います。

オーストラリア進攻をめぐる激しい対立

――陸海軍の十課長の会議では、海軍がオーストラリア進攻を強く主張しました。それを止《や》めさせるための説得に陸軍が相当に心を砕いたという話もあります。端的に、陸軍が反対した理由は何でしょうか。

田中　そもそも第一段作戦の前の作戦計画には、オーストラリアのオの字もなかったわけです。また、陸軍は大陸での戦いというものが大変にきついものだということを中国で嫌というほど味わっていましたから、広いオーストラリア大陸に進攻したら、また同じような目に遭う、中国とオーストラリアのふたつの大陸両方で戦うなんてことはとんでもないというのが、正直な気持ちだったでしょう。それが、陸軍が反対した一番の理由ではないでしょうか。

――逆に海軍は、なぜオーストラリアにこだわったのですか。

田中　開戦時、海軍には二つの対米戦略がありました。一つは連合艦隊司令長官の山本五十六《いそろく》が進める米軍に反攻に転じるスキを与えないために矢継ぎ早にどこまでも追い続ける連続攻勢主義、もう一つは軍令部第一部第一課長の富岡定俊《さだとし》が進めるオーストラリアを米軍に使わせない豪州占領もしくは米豪遮断構想でした。その背景には、日米戦は空母航空戦になる、あるいは基地航空戦になる、という考え方の違いがありました。

開戦直後に第四艦隊と陸軍南海支隊が行ったグアム攻略、ラバウル進出は、富岡構想を進める布石でした。富岡は、米軍が大航空部隊を擁して反攻してくる場合、必ず豪州を拠点とすると確信し、これを防ぐには日本軍が米軍より先に占領するか、米豪遮断を行うほかないと考えました。豪州占領は海軍の手ではできませんので、参謀本部側に誘いをかけるのですが、大陸戦にこりごりの陸軍は絶対受け付けませんでした。やむなく富岡は米豪遮断に変更し、ソロモンに航空基地網をつくるSN作戦、フィジー・サモアを攻略するFS作戦の実現につとめます。

――はたして、それは理に適《かな》った戦法だったのでしょうか。

田中　マッカーサーの南西太平洋軍は豪州を基地にして反撃を開始しましたから、富岡らの予想はまちがっていなかったと思います。しかし豪州占領は、日本軍の能力を考えますと、明らかに無謀な計画だったと思いますね。

――陸軍の方に、中国での経験から大陸戦は避けるべきだという考えが根底にあったのは、やはり補給をどうするのかということも気にしていたからでしょうか。

田中　それが一番の要素だと思いますね。

――補給に関する認識において、陸軍と海軍の間にはかなりのズレがあるようにも思えますね。

田中　海軍というのは基本的に船で動いている組織ですから、どこか遠くへ行っても、食料や燃料などは船を動かして取りに行けばいいという考え方が強い。海軍でも、陸戦隊を島に配置することになれば、それに補給をしなければならないわけですが、規模が小さいですから、補給をそれほど大きな問題と認識はしていなかった。一方、陸軍というのは元々が大部隊ですし、補給があってはじめて作戦ができるという性質の組織ですから、補給に一番神経を使うわけです。その認識の違いは、非常に大きかったと思います。

――海軍としては、船で運べば何とかなるぐらいの考えだった。

田中　あるいは、自分たちが乗っている船をどこかの港へ移動すればいい。食料が足りなくなったら、少し戻ってどこかの港で調達すればいいという考え方ですね。自分たちがいつでも自由に動けるということが前提になっている。しかし、陸軍の場合は、誰かが持って来てくれなければ、どうしようもないわけです。

陸軍が中国大陸で苦労したのは、日本が前へ進めば中国軍は後ろへと下がる、これが延々とどこまでも続いていったことです。広いオーストラリアでも、当然同じ目に遭う可能性がある。上陸後にオーストラリア軍がどんどんと後退し、それに引きずれて日本もどんどんと奥へ入っていく。陸軍なら、その時の補給を心配します。それから、奥へ行けば行くほど後方に警備や補給の係を置いていかなくてはなりませんから、兵力も先細りしていく。兵力に余裕があれば新たな部隊も送り込めますが、それだけの余裕が日本にはもうありません。だから大陸では戦いたくない、というのが陸軍の本心だったと思います。

――参謀本部の作戦部長だった田中新一《しんいち》などは、中国大陸での自分たちの失敗も披露しながら海軍の説得に努めていますね。それだけ言われても、海軍はオーストラリアの攻略をあきらめなかった。

田中　先ほど言ったように、軍令部としては米軍が豪州を基地にして北上を開始することを確信していましたので、日本が戦いの主導権を握り、攻勢をかけられる今のうちに取りたいと必死でした。それがわかっているのに、むざむざ好機を自ら捨てることに我慢がならなかったのでしょう。

〝両者が力を合わせます〟という見せ掛けの文章

――「今後採るべき戦争指導の大綱」の話に戻ります。この大綱は、陸海軍でぎりぎりまで議論を続けた結果、最終的には「長期不敗の政戦態勢を整えつつ、機を見て積極的方策を講ず」といった文章になります。この文章の意味するものを、端的に教えていただけますか。

田中 要するに、「つつ」の前までが陸軍の言い分、つまり不敗の態勢を整えたら終わりにしたいということですね。このひとつ前の文案では、「長期不敗の政戦態勢を確立する」という文言だったのですが、そこを「整えつつ」に直して、その後ろに海軍の言い分を付け足したわけです。「つつ」から後ろは、すべて海軍の要求だと考えられます。

陸軍と海軍では、言っていることが百八十度違います。しかし、戦争が始まってしまったのだから、内輪もめや喧嘩《けんか》を続けるのは好ましくないということで、まあ少しでも妥協しようという気持ちが、双方、特に陸軍の方には出てきた。そこで、最終的には陸軍が妥協して、海軍の言い分に従った、こういった関係だったのではないかと思います。

　私は別に陸軍の肩を持つわけではありませんが、太平洋戦争においては、海軍の方が暴走しているように思えます。太平洋戦争中、両者の話し合いの時、陸軍は大陸で自分たちがした過去の行動のことがいつも頭から離れなかったはずです。自分たちも中国でやったのだから、ここは多少は妥協しなければいけないという気持ちも働いていたのではないかと私には感じられます。ですから、海軍に強く言われると、陸軍は最終的にはなんとなく言い分を受け入れてしまうといったところもあった。

――「不敗態勢を整える」ことと「チャンスがあったら積極的に」というのは、全く正反対のような気がしますが。

田中　とにかく陸軍と海軍とでは、言うことが全く違う。でも、なんとか両者が力を合わせながらやっていますよ、というかたちは取りたい。そこで、訳のわからない接続詞を入れたりして、さも両者が協力しているようなかたちに見せたということではないでしょうか。陸軍としても、〝自分たちの言うべきことは言いました。しかし海軍が主張を曲げないものだから、このようになってしまいました〟という説明ができる文言だということではないでしょうか。

――実際にこういった文章が作られるということで、やはり本質的な問題が先送りにされたと捉《とら》えられるでしょうか。

田中　先送り、後回しですね。一応議論はしたけれども、結局一致点が見出《みいだ》せない。しかし、戦時という極限的な状況では、一応方針を出さないといけない。そこで、両論併記のような矛盾した文章でもいいからとにかく出した、というように私は考えます。

――陸軍が考える中国大陸での作戦と海軍が考える南方作戦を両方とも行います、ということを示したのがこの文章だとは言えませんか。緒戦で勝利したとはいえ、当時の日本には資源・戦力に限りがあり、とてもそのようなことができるような体力はなかったと思いますが。

田中　それはそうですね。中国大陸での戦争も一向に解決しないのに、七、八か国を相手にした戦争ができるわけがありませんよね。しかし、どちらかをあきらめて一本化しようという指導者はいなかった。結局、ずるずると両者の主張を適当に組み合わせるという戦争指導になったのだと思いますね。

ひとつの国にふたつの軍隊

――同じ国の軍隊なのにもかかわらず、陸軍と海軍で全く方針が違い、一本化できない。この根本的な原因は何でしょうか。

田中　統帥権《とうすい》という体制のもとでは、陸海軍というのは完全に対等です。ですから、もし陸軍と海軍の主張が違った時に、両者の意見を調整する人が誰もいないわけです。憲法上は天皇になりますけれども、天皇はそこまで口出しをしませんから、事実上は誰も存在しない。

こうなると、陸軍の言い分と海軍の言い分を調整できなければ、結局そのままひとつの文章にして採用するということになる。結果、まったく正反対のことがひとつの文章に収まっているということが起こるわけです。

――戦争の終結に関しても、陸海軍の指導部である参謀本部と軍令部では、それぞれ別のイメージがあったのでしょうか。

田中　まあ、そうでしょうね。ただ、参謀本部の方は、どこまで真剣に戦争終結について考えていたのかは少し疑問があります。海軍は、といっても連合艦隊ですが、先ほど話したように、太平洋の島々を取ればアメリカは話し合いに応じてくるのではないかという、山本らが考えた終結のイメージを持って動いていました。繰り返しになりますが、陸軍の主戦場は中国大陸ですから、やはり蔣介石《しょうかいせき》政権を打倒して、そこでの戦争を終結させるということが第一の目的で、太平洋方面については、米英が不利な状況になれば休戦の芽が出てくるという海軍の考え方に追従していたのではないでしょうか。

陸海軍の調整というのは、たいていの場合は大佐クラスがやっています。先ほどの十課長会議の出席者もほとんどが大佐です。しかし、実際に戦争をどうやって終わらせるかというのは、国家の最高指導者が考えるべき問題だと思います。当時の日本の場合、統帥に関わらない首相ではそういったことができなかったかもしれませんが、少なくとも参謀総長、あるいは軍令部総長、陸軍大臣、海軍大臣、そのあたりが考えるべきことだった。要するに、終戦というのは、ボトムアップではなくてトップダウンの問題なのだと思います。しかし日本には、参謀総長の杉山元《はじめ》にしても、軍令部総長の永野修身《おさみ》にしても、〝ここで戦争を終わらせるのだ〟といったトップダウンができない人たちであった。

当時のアメリカの陸軍参謀総長のジョージ・マーシャル、海軍作戦部長であったアーネスト・キングなどは、きちんとした方針を示しましたが、日本軍のトップはそれをしない。結果、大佐あたりが方針を決めていくわけです。しかし、彼らは連隊長クラスですから、その目線で戦争を見ているわけです。本来は、上が全体を見て、戦争の骨組みを決めていかなければならないのですが、当時の日本がそのような人を求めない、あるいは排除する体制であったのは、悲劇だったと言えるでしょう。

――ひとつの国にふたつの軍隊が存在して、戦略が統一されないままに全く違う戦争をする。このことが、実際の戦争において、具体的にどのような結果を招いたのでしょうか。

田中　それはもう、ひどいことになりました。例えば、北進論と南進論というのがあります。陸軍は北へ行って、海軍は南に行く。陸軍はシベリアに進出して、海軍は南太平洋やハワイ方面に行くということですね。これはすなわち、戦略が統一されていないということですから、要するに、どちらも自分のやりたいことをやればいいのだ、となる。

一九四二年八月に始まったソロモン海戦が終わったあと、海軍の主要艦隊は〝再建〟と称して戦線を離脱、陸軍がニューギニアやソロモンに残って戦いを続けています。一方、連合国の方は陸海空の戦力を一元化して大きな攻撃力を作り、次第に日本を圧倒しました。

――陸軍が石油を運ぶタンカーがない時に海軍が回してくれないとか、陸海軍それぞれが船を抱え込む、あるいは石油もそれぞれで備蓄するといった問題も起こっていますね。

田中　太平洋戦争というひとつの戦争を、別々の組織が喧嘩をしながらやっていたというのが、当時の実態でしょうね。

やはりどこかで一本化する作業をやっておかなければ、どんな方針を立てても戦力が二分されたようなもので結果が出ません。戦争が始まってから、統一司令部をつくろうといった提案が何度か出されていますが、中央で議論になることもありませんでした。

――そういったエピソードを聞くと、結局この戦争は何のためにやっていたのか、目的自体が見えなくなっているような気もします。

田中　石油が目的で戦争を始めたのにもかかわらず、では本当にそのために戦争をしていたのかというと、個々の現象を見ると、矛盾することばかりなわけです。

これは余談になりますが、ある時から空だけでも統一司令部をつくろうという意見が出たことがあります。しかし、海軍の反対で実現できませんでした。その後、南方での戦いで、陸軍航空隊と海軍航空隊が初めて同じ戦場で戦うことになります。そこで何が起こったかというと、同士討ちなんですね。戦争中、日本の飛行機をアメリカの飛行機と間違って撃墜してしまうという例は少なくありません。

陸軍の方から、「航空隊だけでも、統一の司令部のもとで運用しよう」という意見が上がってきたということは、やはり現場にもそのような切実なニーズがあったわけです。にもかかわらず、陸海の垣根を越えられないまま、それまでどおり別々に戦うということになったわけです。

同じようなエピソードがあります。一九四三年三月にダンピールの悲劇というのがありました。輸送作戦中、ラバウルから輸送船十隻《せき》がニューギニアに向かう間、陸軍航空隊が護衛します。ですが、一緒に戦えませんから、同じ時間帯に陸軍と海軍の飛行機は一緒に飛べないのですね。例えば、朝七時から八時までは海軍の飛行機、九時から十時までは陸軍の飛行機が護衛するといったことになった。結局、一緒に力を合わせるという体制が作れないわけで輸送船は全部撃沈されました。

機能不全の大本営政府連絡会議

――十課長の会議の後、大本営政府連絡会議には、参謀総長、軍令部総長、首相、陸軍大臣、海軍大臣が出席して、先の「戦争指導の大綱」について議論をしました。この時に、首相の東条英機《ひでき》が「これでは意味が通らないのではないか」と苦言を呈したと言われています。しかしそこから、もう一回文案を詰めましょうということにはならずに何となく認められてしまいました。

田中　「これでは意味が通らないのではないか」と言った時に、ではどのようにしたら通るのかと言えば、どちらかに自分の主張を下げてもらわなければならないわけです。ところが、それはできない。陸海軍の立場は対等ですから、どちらかがよほどの理解を示してくれない限り、双方とも主張は下げない。ですから、結局矛盾した文言をそのままくっつけるということに、いつもなるわけです。

東条自身もその会議では陸軍大臣の肩書きもありましたから、陸海軍の間に立って調停をするという立場ではない。首相が決断すればいいのですが、首相としては作戦計画に口を出せないから、何もできない。

――当時、企画院総裁だった鈴木貞一《ていいち》は、緒戦の連続勝利によって資源地帯を押さえるという当初の目的がある程度達成されたのだから、このあたりで戦争を止めることも有り得るのではないか、ということを東条に話したという証言を残しています。物資を管理する企画院の立場としては、こういう発想に至るのが自然だったのですか。

田中　企画院にしてみれば、石油も鉄もアルミもギリギリの状態で戦っているわけですから、いったん戦いを止めて経済を再生させ、備蓄してからもう一度やり直すという考え方に至ったのではないかと思います。ただ、鈴木貞一が東条に伝えたといっても、軍に対してはっきりと具体的な意見として伝えたのかどうか。一応話はしたのだとは思いますが、ものすごい勢いで戦っていた時ですから、物資の心配について話しても、その場の雰囲気から聞き流されたというのが実情だったのではないでしょうか。

——歴史にイフはないのでしょうが、もしあそこで意見が統一されて、それなりに合理的な判断がなされて、例えば補給が難しいようなところにまで戦線は広げないといった決断が下されていれば、その後の状況がもう少し変わっていた可能性はあったのでしょうか。

田中　当然変わっていたでしょうね。私はニューギニアの戦いをずっと研究してきたのですが、日本が劣勢になってから、ダグラス・マッカーサーの率いる連合軍がどんどんと北上してフィリピンまで進攻して、次は日本本土へ来るということがすでに明らかになった時期がありました。ところが、この時の日本の戦争指導は全くなっていなかった。ニューギニアからフィリピンへと連合軍が北上しそうな時期に、新たにインパール作戦や中国での大陸打通《だつう》作戦を始めたのです。これでは兵力や武器弾薬をどんどん消耗していって、日本を守ることもできない。

結局、日本の指導層たちは、どの相手が最も重要なのかということもはっきりさせずに、アメリカとも戦争をする、イギリスとも戦争をする、中国とも戦争をするという戦争指導をしました。これが、日本の指導者たちの大きな責任ではなかったかと私は思います。

もうひとつ問題なのは、中央が現場の軍がやりたいと言ったことをほとんど認めたんですね。要するに、中央で戦略なりを立てて、それに基づいた作戦を各部隊に遂行させるというやり方ではなく、現場が具申してくる作戦に中央が応じるというやり方を取っているわけです。皆自分がいる戦場が大事ですから、いろいろと要求はしてくるでしょう。しかし、現場の方は全体の動きは見えないわけです。当然、中央が全体の動きを見て、どこが重要かという判断をするべきなのですが、日本の指導者層はそれもしていない。ですから、この戦争のやり方を一言で表すと、「現場至上主義」とでも言えるのではないかと思います。中央は何をやっていたのかというと、要するに、現場の要求に応える、極端な言い方をすれば、事務的な作業しかしていなかったのではないかという印象も私は受けます。

――「戦争指導の大綱」は、一九四二年三月に決められてから翌年九月末まで変更されないままでしたね。

田中　非常にうまく行った緒戦の勢いで一九四二年三月に「大綱」を決めて、この方針にそって、とにかく行けるところまでは行こうということになった。しかし、その後アメリカの反攻が始まってくれば、大急ぎで再検討をしなければならなくなります。ところが、それを全くしないまま、一九四三年後半まで進んでいった。この一九四二年から一九四三年というのは、事実上、方針のないままに日本は戦争をしていたということになるのではないかと思います。

――方針のないまま、ですか。

田中　要するに、最初の「大綱」が決まった一九四二年三月の三、四か月後には米軍の反攻が始まったのですから、情勢はガラッと変わったわけですよね。となれば、その情勢に合わせた新しい方針を決めなければならないのに、それをしない。ニューギニア戦の開始直後にガダルカナルに米軍が上陸し、最悪の二正面作戦になりました。どう対処するか方針もなく、二つの戦いは最後まで続いてしまいました。

泥縄式の戦争指導

――日本は当時、南方占領の目的として、「大東亜共栄圏」の建設ということを設定しました。しかし、開戦前にはその具体的な中身がまだ検討されておらず、一九四一年二月頃に「大東亜建設審議会」というのを急に立ち上げ、議論を始めます。開戦して二か月経《た》ってから始めるというのは、随分と遅いような気もします。何か慌《あわ》ててやっているようにも感じられますが。

田中　戦争が始まってから、日本の占領下の様々な民族に対して、〝だから日本は戦争しているのだ〟といった、戦争目的を提示しなくてはならなくなるわけです。戦争自体は石油獲得という以外にこれといった目的もなく始めた泥縄式のものだった。しかし、多数の民族や国家を支配下に入れた時、いくら武力を持っていようとも、自分たちが来た理由や大義名分を示すことができなければ、その場所で日本軍は安閑としてはいられないということになります。そこで、大急ぎで大東亜共栄圏をもう一度練り直すという、これもまた泥縄式の動きになったのだと思います。

一九四三年末に、大東亜会議というのが、東京で開かれました。その少し前に、連合国側も主要国が集まってカイロ会談、テヘラン会談を行っているというニュースが入ってきていて、日本も同じようなかたちで政治・外交に力を入れなければならないという危機感から各国の代表を集めます。これも、後付けというのか、泥縄式というのか、日本の戦争指導のひとつの特徴のように私には見えてきます。

――実際、大東亜建設審議会でも、財界から「陸軍、海軍はそれぞれの経済圏の中心をどこに置くのか」といった質問が出ているのですが、バラバラの意見が出てきて、誰もまとめられないということになります。ここでも結局、統一することができずに、すべての論を提起するというかたちをとった。

田中　戦略や方針を立ててから事を始めればいいのですが、それが逆になっている。まず、このことが混乱の原因だと思います。それに加えて、戦争があまりにも大きくなってしまったから国家ビジョンやドクトリンといったものが必要になるということに、この時期になってようやく気が付いたのではないでしょうか。

――戦争が始まってから、ですか。

田中　そうだと思います。二十世紀の総力戦というのは、文言のかたちで戦争目的を示さないと、国民や諸民族としてはとてもついていけないという性質があります。それまでの日清《にっしん》・日露戦争時の戦争目的、つまり国家の危機だから始めたというだけでは足りなくて、理想めいた言葉というか、理念のある言葉で自分たちの行動を説明しなくてはならない。そうしないと、国民が戦争についていくのには限界があり、他の民族はなおさらついていけない。そのあたりの認識が、日本の指導者には欠けていたのだと私は思います。

アメリカなどはそのあたりのことも心得ていて、一九四一年八月、ルーズベルトはチャーチルと一緒に大西洋憲章を出しました。二十世紀の総力戦においては、そういったものが必要だったのだと思います。

――総力戦の研究は、日本もやっていたはずですよね。

田中　はい。しかし、日本の場合は、研究はあくまでも研究で、それが行政あるいは作戦には影響しないんですね。あくまでも研究をしたというかたちを残して予算を取る時の説明材料にする。何と言いますか、単なる方便として使うといったところがあります。

ミッドウェー以降の戦いは必要だったのか

――一九四二年六月のミッドウェー作戦についてお聞きします。海軍軍令部作戦課長の富岡定俊が、〝自分は作戦に反対だった〟ということを書き残しています。海軍の中でも、この作戦には反対意見が多かったのでしょうか。

田中　そうですね。ミッドウェーの作戦は、山本五十六が強く主張して、軍令部がそれに引っ張られるかたちで実行されたものです。それは戦略的に無意味で、しかも目的曖昧《あいまい》というのが、富岡定俊の考えだった。

ミッドウェー作戦の目的は、島を占領して監視部隊を置き、アメリカの機動部隊が日本に向かうのを事前にチェックしようというもので、そのために大艦隊を出すというのです。しかし、さすがに海軍の中からも「あんな遠い島までは補給ができないのではないか」という意見も出てきます。

海軍の目的は、アメリカを監視する部隊を置くことであり、ミッドウェーで海戦することではなかった。ところが、山本五十六は、むしろそちらに力点を置いたのですね。ミッドウェーを取ろうとすれば、アメリカは機動部隊を出してくる、この機会に叩こうというのが山本の目的になった。ですから、山本の方は、ミッドウェーを長期にわたって維持するのが大変だということを念頭には置いていません。

――しかし、軍令部というのは、戦略を立てて命令を下し、現場を動かす立場ですよね。そこで連合艦隊を止めることはできないのですか。

田中　一九三三年に海軍省と軍令部の間で規定が改定されました。これは、軍令部の権限を強くして海軍省と対等にしようという目的のものです。ところが同じ年に、それまでは演習時にだけ編成されていた連合艦隊が常設の機関になります。その結果どうなったかというと、軍令部も大きくなったが、同時に連合艦隊も日露戦争時とは比べものにならないくらい大きな組織になった。その結果、海軍省と対等になったはずの軍令部の影が逆に薄くなって、連合艦隊が前面に出てくる。軍令部の存在価値が相対的に落ちていったのです。そのような力関係で戦争に入っていますから、形式上は軍令部が上位にありながら、実際に連合艦隊が作戦計画を持ってくると、軍令部としても従わざるをえないという現象が生じた。

――実際にはミッドウェーの作戦は失敗しました。この失敗が教訓となって、その後の行動に活《い》かされたということはあったのでしょうか。

田中　ミッドウェーが終わった後、立て続けにガダルカナルの戦い、ソロモン海戦が起きましたが、連合艦隊は以前ほど自己主張をしなくなります。ミッドウェーでは、航空母艦四隻が団子状態になって航行しているところに米軍の急降下爆撃機が来て三隻がいっぺんに撃沈されました。ですから、それ以後は空母をそれぞれ離したところに置いて戦いに臨むというかたちにはなりました。また島嶼《とうしょ》の戦いに航空隊を投入することにも反対しなくなりました。

――ミッドウェーの敗戦の後のガダルカナルでも日本は敗れます。このふたつの敗戦が一般的には戦局の転機と言われていますが、その後の戦争というのは、はたして続ける必要があったのでしょうか。

田中　答えるのが非常に難しい質問ですね。陸軍の中にはフィリピンやインドネシアのハルマヘラあたりまで戦線を縮小しようという意見がありましたが、海軍は絶対反対でした。結局、これまでの戦いを継続するということになります。先ほども言いましたが、総力戦には一方の国が相手の国を完全に倒さないと終わらないという性質があります。一九四三年以降の日本は防戦になっていましたが、そこで何か戦争を止める方法があったのかというと、当時の状況ではやはり見つからなかったのではないかと思います。最後まで行くしかなかったでしょう。

――その当時の日本は、もう自分たちの方から何かを主体的に選べる、戦争の終わり方を決めるといったことができる状況ではなくなっていたということですか。

田中　そうですね。もうアメリカが、本気で日本を屈服させて、戦後のことも考え始めているような時でしたから、日本の方が止めたいと思っても、もう止められない状態になっていたのではないでしょうか。アメリカなどの連合国側は、一九四三年一二月のカイロ宣言やテヘラン宣言で、戦後の日本をどうするのかということにまで言及していました。

――状況が好転することは、もう有り得なかったと。

田中　有り得なかった。ただひとつ言えるのは、先ほども少し話しましたが、一九四三年以降は米軍が日本を目指してくることははっきりとしていたわけですから、戦争指導を根本的に見直すことでどのように結末をつけるかという議論をしなくてはならないと思うのですが、日本の指導部はそれもしていない。その時の日本は攻められる側になっていましたから、そうなると、本土を守る、国土と国民を守るということに戦争目的も変わってきます。しかし、そのことを理解し始めたのも、おそらく一九四四年に入ってからのことではないでしょうか。一九四三年の段階では、まだ何とかなるのではないかという淡い期待で戦っていた。本来は、米軍が本土に迫る新しい情勢にどう対応するか、つまり満州、中国、東南アジアを捨て米軍に全力集中する、といった根本的論議が全然されていない。これは、指導者の怠慢というか、やはり責任でしょう。

一九四三年末からは、米軍の反攻が本格的に始まります。その時に米軍が使った軍艦、飛行機、戦車はそれまでとはガラッと変わっていました。つまり、アメリカはそれまでの期間を有効に使って戦力の整備に努めていた。しかし日本は逆で、これといった変化もなく、それまでの延長上でやっていた。その時点ですでに国力が伸び切っていて、もうどうしようもなかったという言い方もできるのかもしれませんが。

――情勢の変化に対応し方針を変えることが、なぜできなかったのでしょうか。

田中　とにかくそれまで「日本は必ず勝つ、大東亜共栄圏の盟主になる」といったことをずっと言い続けていましたから、「駄目だったから別のことをします」とは、やはり言えなかったのでしょうね。首相の東条英機は、新しく別の方針を立てるということができる人ではありませんから、これまでと同じ方針のまま行くということになったのでしょう。

平時の哲学と戦時の哲学

――太平洋戦争は、指導者たちが戦争方針を一本化できないままに、無秩序に戦線が拡大されていった結果、大量の犠牲者を出すことになりました。この悲劇的な結末から、現代の私たちが読み取るべき教訓というのは、いったい何だと思いますか。

田中　日本では、「和をもって尊しと為《な》す」というのが、ひとつの伝統、哲学として存在しています。普段はそれでもいいと思いますが、危機の時には選択肢がそれほど多くは残されていません。ひとつだけしかない、あるいは〇・五しかないという場合だって有り得ます。そういった時、やはり勇断をもって方針を一本化し、決断を下すという気持ちがまず必要なのだと思います。

危機の時に、皆の意見を尊重する、皆の期待を裏切らないようにするといったことばかりをしていると、結局は時機を逸してしまうということにもつながっていく気がします。戦時というのは、平時と状況が全く違うわけですから、平時の哲学と戦時の哲学を分けて考えなければならない。

そのためには、立派な指導者が必要となってくるのですが、どうも日本はそのようなリーダーが出てきにくい、それを望まない社会になっている。軍や官庁の人事を見ても、大体は人柄の良い人が上がっていきますよね。どうしても日本の場合は、個性が強くて、多少強引なところがある人は毛嫌いされる傾向があります。

――調整型の人ばかりが、重要なポジションを占める。

田中　そういうことですね。しかし危機に強い人というのは、必ずしもそういった人物ではない場合が多いですね。

平時だったら白と黒の間にグレーがある。つまり、黒に近いグレーから白に近いグレーまでのたくさんの選択肢の中から、皆が一番妥協しやすいものを方針として選び出せばいいわけです。しかし、危機の時は、白か黒しかない場合も多い。その時でさえ、日本では玉虫色に決めてしまう。一九四二年三月の「大綱」は、正にその象徴とも言えますね。

“大綱”という名の無方針とリーダーシップの不在

国際日本文化研究センター教授　戸部良一

緒戦の勝利がもたらした自信と爽快感《そうかいかん》

――日米開戦の緒戦、日本は米英に対して圧倒的な勝利を収めます。この緒戦の勝利は、政治家や軍人にどのような心理的な影響を与えたのでしょうか。

戸部　予想以上の戦果だったわけですから、作戦を計画した人やそれを実行した人にとっての自信につながったことは間違いないでしょう。ただし、それが驕《おご》りにまでつながったかどうかについては、断定的に言うことは難しい。有頂天になった人たちがいなかったとは言えないと思いますが。

私たちは現在の時点から歴史を見ています。つまり最終的には日本が戦争に負けたというところから考えてしまいますから、日本が負けた原因をやはり緒戦の勝利で驕りが出たからだとか、有頂天になりすぎたからだ、というようについ捉えてしまいがちになります。

一部の一般国民が大きな喜びに沸いたことは、当時の新聞などからも一目瞭然《いちもくりょうぜん》ですが、実際に戦争を指導し、作戦を考えて、実行しなければならなかった人たちにとってみれば、「まだ戦争が終わったわけではない、むしろこれからが大変だ」と考えた人の方が、多かったのではないかと私は思います。

――当時の一般の世論、社会の雰囲気はどのようなものだったのでしょうか。

戸部　それについては、当時の新聞や文献などから追体験することしかできませんが、一つには、開戦したこと自体がある意味での爽快感のようなものを国民に与えたという側面があったと思います。というのも、それまで中国と戦ってきたわけですが、当時の国民は、なぜ中国と戦っているのかよくわからない、むしろ「弱い中国をいじめている」といった、ある種の疚《やま》しさのようなものが心の中になかったわけではありませんでした。

ですから、潜在意識的には、本来の敵は中国ではなくてそれを後ろで操っている国々であるという考えが、知識人も含めかなり多くの人々の間に定着していた。そうしたことから、〝ようやくアメリカやイギリスという本来の敵と戦うことができる〟

といった気分が生じていたと思います。そのうえで緒戦の連続勝利ですから、それがある種の喜びのようなものにつながったことは間違いないでしょう。

自力では実現できない陸軍の戦争計画

――当時の陸軍、特に参謀本部のトップのあたりからは、今後の作戦方針を考えるにあたって、〝戦争の終末線を早く決めろ〟という声が上がっていて、海軍と話し合いを持とうとする動きがありました。この時期の陸軍の基本方針は、どのようなものだったのでしょう。

戸部　戦を始めた以上は、それをどのようにして終わらせるかということは、軍人でも、政治家でも、外交官でも、常に考えていたでしょう。ただ、この戦争が勝てない戦争であるということは、政治家や軍人たちも当初からよくわかっていた。どうやったら引き分けに持ち込めるか、あるいはどうやって後半戦を有利に持ち込むか。それが日本側の考えていたことでした。

しかし、そのために日本ができることは極めて限られていました。陸軍の立場で言えば、「長期不敗態勢」の確立ということになります。第一段作戦で一応の目的は達成されたのだから、あとは負けないかたちで持久を続けていこうと考える。そのうえで、米英側、連合国側の対応を待とうとします。

しかし、日本が緒戦で勝利を収めたからといって、米英がすぐに手を差し伸べてくるということは有り得ない。ではこの後どうするのかというと、実は陸軍はドイツに期待していたのですね。ドイツがどこまで連合国を追い詰めるかといったことを考慮に入れながら、日本はある節目で米英側と直接、あるいは他の国の仲介で和平の話をしようと考えたのです。

戦争が始まってひと月足らずの一九四二年の新年、外務大臣の東郷茂徳《しげのり》が外務省の職員を集めた席で、「今から和平を考えておこう」と述べたと言われています。陸軍だけではなく、どの組織も長期戦をやりたくはないわけですから、どのようにして戦争を止《や》めるかということについては考えていたでしょう。どこかで何とか止めるチャンスをつかめないかとは考えていた。けれども、実際には、日本単独ではどうにもできそうにない。となると、ドイツの勝利に期待せざるを得ないということになります。

――陸軍は、戦争の終わらせ方においても他人任せのところがあったように感じますが。

戸部　そのとおりです。陸軍の戦争計画、もう少し大げさな言い方をすると、勝利計画というのは、自力では達成できないものなのですね。ドイツに依存しなければ成り立たない勝利計画でした。それに、当時のドイツが作ろうとしていた新たな世界秩序と言ったらいいのでしょうか、そういったものに幻惑されて、戦争に飛び込んでいったという面がないわけではない。ドイツと協力し合って新しい世界秩序を作るのだという意識を、多くの人が持っていたのではないでしょうか。

よく言われることですが、開戦の時点でさえ陸軍の主敵はソ連であり、陸軍が想定していた主戦場は北方であり、実際に当時戦っていたのが中国ということになります。陸軍が主敵をアメリカに完全に切り替えるのは、一九四三年になってからのことです。ですから、陸軍にしてみれば、マレー半島のイギリス軍とインドネシアのオランダ軍、フィリピンのアメリカ軍を倒してしまえば、そこでもう終わりということなんですよね。後はとにかく持久をして、世界の情勢がどう変わっていくかを見ながら、ドイツと戦っている敵が疲れて戦意を失うのを待とうという立場ですね。

それは、計画性のなさとも言えるかもしれませんが、陸軍の立場からすれば、状況の推移に応じて柔軟に対応しようということだったのかもしれません。とにかく、第一段作戦が成功したわけだから、あとは戦略的に守りの方向でやっていこうと。ですから、陸軍は当初の計画に非常に忠実に従っています。それが海軍から見れば、非常に頑《かたく》なで陸軍の自己本位に見えたのでしょう。

なぜアメリカと戦うのか

——逆に海軍は、オーストラリアの攻略に非常にこだわりましたね。その点をめぐって、陸海軍の十課長の会議が非常に紛糾したということを、当時の陸軍の軍務課長の佐藤賢了《けんりょう》が手記に書き残しています。佐藤の手記には、陸軍が海軍にオーストラリアをあきらめさせるために繰り返し説得している場面が描かれています。オーストラリアをめぐる陸軍と海軍の意見の相違は、何が原因なのでしょうか。

戸部　陸軍と海軍のすり合わせで作った当初の戦争計画には、オーストラリアに進出するなどという発想はありませんでした。したがって、陸軍としては当初の計画どおりに長期不敗態勢を築くためには、無駄な資源の消費は避けたいということですね。しかし、海軍はそうではない。アメリカに勝つことまで考えていたかどうかはわかりませんが、向こうの方から「戦争を止めたい」と言ってくるような状況にまで追い込むために、とにかくアメリカを叩《たた》き続けなければならないという考え方が強かった。こうした違いが、底流にあったのです。

つまり、どのようにして戦争終結に持っていくかということに関して、事前のすり合わせなしに戦いを始めたので、その問題がこの時期になって現出した。戦いの前に最終的な段階までのきちんとしたプランを立て、そのプラン通りに戦うなどということは、本来有り得ません。どの国でも、ある程度の計画に基づいて戦争を始め、状況に合わせて計画を変えていく。ただし、状況に応じて計画を変更せざるをえなくなるとしても、その基本的な部分は変わらない。アメリカならば、主敵はドイツで、ドイツを倒すことを最優先事項とするという基本的な部分は変わらない。そのうえで、実際にどのようにしてドイツを倒すのかということは、その時の戦況に合わせて考えていく。

ところが日本の場合には、陸軍ではそもそもアメリカと戦うこと自体、あまり考えていませんでした。そのような基本的な部分でのすり合わせがないままに、戦争を始めてしまったことに問題があったのではないか。

アメリカが敵であるということは、陸海軍ともに承知していたはずですが、実際にアメリカと戦うのは、ほとんどの場合は海軍です。ですから、陸軍の方ではあまり突っ込んでは考えていなかった。一方、海軍の方は、緒戦の戦果をできるだけうまく利用したいという発想に変わっていった。

そもそも、なぜアメリカと戦わなければならなかったのか。アメリカと戦わなければばいけないこと自体は、開戦の一年前から議論していて、もうわかりきっていることだったのかもしれませんが、よく考えてみると、実はかなり曖昧《あいまい》な部分があったのではないかと私は思います。

イギリスと戦わなければいけないというのは、皆が了解できたことだと思うんです。一九四〇年以来、日本は南方に軸足をシフトし、そのためにドイツと同盟を結んだ。その時、日本が手に入れたかったもの、もっと言えば、何を獲得すれば戦争をしなくて済んだのかということになると、単純化すれば石油です。自らのコントロール下に石油資源を置くことが狙《ねら》いです。日本が自由に使えるようにアメリカが供給してくれれば別ですが、そうではない以上、自力で石油を確保しなければいけない。

そこで、一番手近のインドネシア、当時のオランダ領東インドの石油資源を手に入れようとした。オランダと戦うことになった場合、マレーにいるイギリスがそれを黙って見ていることはなく、必ず出てくるだろう。つまり、オランダと戦うことは、イギリスとも戦うことになる。この考え方については、陸海軍とも了解していました。

では、イギリスと戦うことになった場合、フィリピンにいるアメリカは黙って見ているだろうか。これについて、一九四〇年の段階では、陸軍の方は「英米を切り離すことは可能だ」と言い、海軍の方は「それは無理だ」と言っていた。しかしやがて、陸海軍とも「英米を切り離すのは無理だ」、イギリスと戦うことはアメリカとも戦うことだと判断するようになっていったわけです。そして最終的には、アメリカと戦えるかどうかという話になり、勝てないまでもそこそこ戦えるという計算を出して開戦をし、そして緒戦の段階ではものの見事にうまくいったというのが、当時の状況でした。

アメリカと戦う理由については、当時もいろいろなことが言われました。例えば、アメリカは旧秩序のチャンピオンだから、それを滅ぼさない限り日本が新しい秩序をつくることはできないと言った人もいました。

しかし軍人たちの多くはそのような発想で考えたわけではない。彼らは、石油を取るためには、イギリスと戦わなければならないと考えた。そしてイギリスと戦えば、アメリカとも戦わざるを得ないと考えて、主敵がアメリカとなったわけです。

しかしよく考えてみると、この考え方は、軍事的にはある意味で非常に不思議な論理です。主敵のアメリカと戦うから、イギリス・オランダとも戦わなければならないというのではなくて、元々はオランダとの戦いから始まっているわけですから。

――戦う相手自体も、きちんと統一されていなかった面があるわけですね。

戸部　ですから陸軍としては、オランダ、イギリスと戦ってうまくいったのだから、ここでもういいだろうということですね。

――陸軍にとってみれば、太平洋の戦線というのは、ある意味では他人の戦争みたいなものだったと。

戸部　極端に言えば、そうかもしれませんね。ある元陸軍の軍人は「南方作戦」という言葉に非常に批判的でした。なぜ〝南方〟作戦という名称なのか、と。あの作戦は、〝対米英〟作戦であるのに、陸軍が〝南方〟作戦と言っていたことがまず間違いである、と。作戦名を地域で語っているということ自体、アメリカと本気で戦う意識がなかったのではないか、と言うんですね。

私自身は、第二段作戦での海軍の積極策を評価しませんし、どちらかといえば、長期不敗態勢で何とか耐えていくという陸軍の判断の方が妥当ではなかったかと考えていますが、では陸軍が考え抜いた末にその方針を打ち出したのかというと、そうとは言えない。アメリカとの戦争は海軍に預けて、「あとは知らないよ、自分たちは自分たちの戦争をやるよ」ということですから、海軍に対して何を言ったとしても、なかなか説得力を持ち得なかった。

――ただ、開戦前の一九四一年一一月の戦争終末に関する腹案の中には、持久態勢を早い段階で確立するということが明記されていたわけですよね。にもかかわらず、いざ開戦すると、海軍側がそれを否定するような行動をとったのは、どうなんでしょうか。

戸部　おっしゃるとおり、最初の計画に忠実だったのは陸軍の方です。海軍の考え方は、最初のすり合わせになかった有利な事態が生じたということなのでしょう。特に山本五十六などは、これだけうまくいっているのだから、その戦果を利用しない手はないだろうという考え方だったでしょう。そこに大きな齟齬《そご》が生じたのだろうと思います。

戦争をどう終わらせるのか

――先ほども触れた佐藤賢了が生前に「日清・日露戦争の時から、日本は終結の見込みのないままに戦争に踏み切るというところがあった。戦争終結の方法を考えずに戦争に入っていくことを当たり前のこととして考えるようになった。それが、日本の陸海軍の体質に染《し》み付いた」という話をしていたということを遺族の方から聞きました。そういった要素もやはりあったのでしょうか。

戸部　そう言えるかもしれませんね。ただ、日清・日露戦争は、相手が一か国だけであるとか、戦場が非常に限定されているとか、日本も清もロシアもそれぞれ長く戦争を続けられない事情を抱えていたといった条件がありましたから、最初から終戦について それほど考えていなくても、何らかのチャンスをつかむことができれば終戦に持ち込めるという、それなりの肚《はら》はあったように思います。

しかし、アメリカとの戦争の場合はそうではありません。まず、最初から勝てないことがわかっている。また、自力で戦争を終わらせることができないこともわかっている。にもかかわらず、戦争を始めてしまったわけです。

宣戦の詔書には、「蹶然起《けつぜんた》ッテ」という言葉が書いてあります。心理的に、とにかく蹶然起ってやらざるを得なくなって戦争をやったのだという意識が強かった。日本として主観的には追い込まれてしまったという思いがあり、戦争を始めてしまったわけですね。そして、日清・日露の戦争とは性質が全く違うのに、同じやり方でやってしまう。

総力戦ですから、大量の資源を投入して、全力を尽くして戦わなければならないということは日本もわかっていましたが、それ以上はなかなか発想が広がらなかった。特に、政治的な思慮が足りなかった。例えば、講和を考えるならば、数は少ないが中立国をどうやって日本の味方にするのか。そういった政治的・外交的な要素についてあまり深く考えてはいなかった。

逆に連合国側は、そういった政治的・外交的な面についても非常によく考えていました。例えばアメリカは、日本がインドに進出しようとした時に、それを非常に気にしていましたし、日本が蔣介石と手を握ることをとても警戒していました。もしそのような事態になって黄色人種対白色人種という図式ができてしまったら大変ですから、英米は蔣介石にかなりの配慮を示していました。

――企画院の鈴木貞一の回想や戦後の聞き取りなどを読むと、鈴木は、南方地域の石油を押さえた時点で戦争中止も有り得るのではないかといったことを首相の東条英機らに話したと言います。

戸部　それと似たような話がありますね。真珠湾、マレー半島での第一段作戦が終わった段階で、当初の戦争目的はかなりの程度達成されたので、後は和平を求めるべきだという意見が――例えば吉田茂などから――出た。どこかの時点で英米側と接触するべきであり、近衛文麿《このえふみまろ》をスイスなどに送って連合国側との接触を図ったらどうだろうかといった話です。日本にとって都合の良い時に手を打とうという考えですね。そのようなエピソードが出てきても不思議ではありませんし、当時そのような発想がまったくなかったとも思いません。

ただ、戦争というのは相手があるものですから、たとえ日本側が止めたいと思ったとしても、アメリカ、イギリス、オランダ、あるいは中国の方も止めてくれるかというと、そうはなりません。むしろ、日本側が当初の戦争目的を達した有利な時点で相手側が手を差し伸べてくれるということは常識的には考えにくい。

　ですから、そういった発想が出てきた理由の一つとしては、緒戦がうまく行き過ぎたことである種の楽観論が出てきた、と考える方が自然ではないかなと思います。石油を押さえたといっても、一番大事なことはそれを日本にどうやって持ってくるかですから。本当は、そのことを十分に考えなければいけなかった。

見せかけの決定のための作文

――では、一九四二年三月に決まった「今後採るべき戦争指導の大綱」が作られていった過程について、お伺いします。結局、決定された文言というのは、「長期不敗の政戦態勢を整えつつ、機を見て積極的方策を講ず」というものになったわけですが、端的に言って、この文言が意味するものというのは何でしょうか。
戸部　まあ、読んだとおり、そのままですよね。つまり、典型的な両論併記、決定したように見せかけた作文ですね。もっとはっきりと言ってしまえば、陸軍は陸軍の方針でやります、海軍は海軍の方針でやります、ということです。

あるいは、「大綱」という名の無方針とでも言った方がいいかもしれない。お互いのそれまでの考え方を確認し合ったということではないでしょうか。それ以上でも、それ以下でもありません。「長期不敗の政戦態勢を整える」と「積極的方策を講ず」という全く違うことを、一緒にやろうというわけですから。

この大綱は、当時のまとまらない状況をストレートに素直に反映してしまっているように思います。

――どうして、このような奇妙な文章ができてしまったのでしょうか。

戸部　何かを決めなければいけないとなると、文章のかたちにしてまとめなければならない。決められませんでした、というわけにはいきませんから。しかし、決めるだけの、あるいは合意を取りつけるだけの方針や考え方の共有がそもそもなされていない。そういった段階でまとめ上げようとすれば、このような文章になるのではないでしょうか。極めて官僚的な作文ですね。

これは、太平洋戦争前からずっと行われてきたことです。例えば、石原莞爾《かんじ》が作戦課長時代に言い出して作られた有名な「国策の基準」にしても、陸海軍の主張を両論併記しただけの作文でしかありませんでした。自分たちの主張を両論併記のかたちでそのまま掲げる、そうすると何となくまとまったような気分になるということではないでしょうか。

当事者にすれば、時と場合に応じて柔軟に使い分けようということなのでしょうが、果たして当時の日本に、時と場合に応じて使い分けるほどの余裕があったのかどうか。今の時点から考えてみれば、当然なかったと言えますよね。戦争初期の調子の良い時期だったから、そのような気分になったのかもしれませんが、そもそも日本は余裕のある状態で戦争を始めたわけでもありませんからね。

――この妥協的な文章をつくったことで、その後の戦争にどのような影響、もっと言えば惨禍を招いたと考えられますか。

戸部　この文章や方針そのものが惨禍を招いたということではありませんが、その背後にある陸軍と海軍の戦略方針の違いを一本化できなかったということで、その後の戦い方の筋書きが描けなくなった。どうやって戦い、どうやって戦争を終結に持ち込むのか。あるいは、どうやって負けないかたちで、ドイツに期待するという状況を続けるのか。どちらにしても、筋書きを描けないので、結局それまでと同じ問題を繰り返していくということになったのではないでしょうか。

どうやって戦争を終結に導くか、もっと言えば、どういう状況で戦争の終わりとするのか、といったことをずっと決めないまま続けていく。それは実際には、決定できない部分を末端に負わせていくということになる。上が方針を示さなければ、当然末端で考えなければいけないことが増えていく。

もう一つ、方針が定まらなかった結果として、その後ミッドウェーやガダルカナルにのめり込んでいってしまったと言うこともできるかもしれません。きちんとした戦争の見取り図を描いたうえで対応していかなければならないのに、それをしないうちに、ミッドウェーでは自ら新たな状況をつくり出してそこにのめり込んでいく。逆にガダルカナルでは、相手に引きずり込まれていってしまう。そういったことが、その後の一九四二年の真ん中あたりまでに起こってしまった。

――上層部の誰もが、その後の戦争の全体図を描けなかったわけですね。

戸部　そういうことでしょうね。まあ、最初の時点からきちんと描けていたのかというと、その点も不充分であったと思いますが。皆、「大東亜共栄圏」「新しい秩序」といったことは言っていましたが、では、「それはいったいどういうものですか？」と聞かれた時に、きちんと説明できなかったのではないでしょうか。「この戦争はどうやったら終わりになるのですか？」と聞いた時に、うまく説明できた人はいなかったのではないでしょうか。

――ある意味では、この時は、そういった議論を詰めるチャンスでもあった？

戸部　チャンスだったかもしれませんね。もう少し時間をかけて話し合うこともできたかもしれませんし。ただ、それはリーダーの立場にある人――それは必ずしも首相の東条英機だけではなく、他の閣僚や軍のトップであってもいいと思います――が、「私の考えている戦争の全体図はこのようなものです。ですから、こういった方向に行かなければなりません」とビジョンや目的、見取り図のようなものを示さなければ、いつまで経《た》っても議論は終わらなかったでしょうね。

疑問を感じたにもかかわらず東条が承認したワケ

――実際には、「今後採るべき戦争指導の大綱」は陸海軍十課長の会議で先ほどの両論併記の文章が採用されて、その後の大本営政府連絡会議で最終的に正式承認という流れになったわけですが、連絡会議に上げられた時点で、首相の東条英機も「これでは意味が通らないのではないか」という発言をしています。ところが、そこから先の議論を詰めないで結局そのまま承認されてしまった。東条自身も疑問を感じていたにもかかわらず、なぜそのまま承認されてしまったのでしょうか。

戸部　なかなか答えるのが難しい問いですね。それまでも下から議論を積み上げてきたものは、上がいつも承認していました。官僚的な意思決定の手続きが平時から当たり前のようになされてきて、それが戦時でも、そのまま踏襲されていたということではないでしょうか。本来は、戦時であれば別のやり方があったはずだと思いますが、東条はそうはしなかった。

この時だけではなく、東条は「これはおかしい」とか、「うーん」といった感じで首をひねることがよくあったようです。私にすれば、「それならあなたが代案を出したらどうですか」と言いたくもなるのですが、彼はそうはしませんでした。協議に入る前に、彼自身が方針を出すということもありません。戦争前までは、それで済んできたのだろうと思います。

あそこは、戦争指導という危機管理の面で、良い方向に切り替えるチャンスだっただろうと思うのですが、そのチャンスを日本は逃してしまった。その集約点とも言えるのが、「戦争指導の大綱」だったのではないでしょうか。もちろんその後にも時間はありましたから、チャンスがまったくなくなったとは思いませんが、一応あそこですり合わせてしまうと、なかなかそれを乗り越えようとする動きは出てこない。

チャンスであるということに気がついたからこそ、東条は「これでいいのか」と言ったのだろうと思うのです。「これでは、今までと同じだろう」という話ですね。しかし、これでは今までと同じだから、このように変えようと、自分のビジョンやアイデア、方向づけを示すことができない、あるいはやろうとしない。東条にそういった能力があったかどうかはわかりませんが、そうする気もなかったのだろうと思います。みんなが決めたら、それに応じてやっていこうということでしょうから。

これは、他の組織にも言えることだったのではないでしょうか。戦争になったから変えなければいけないといっても、すぐに変えることができない。それまでは、いつも下から積み上げて決めていたわけです。考え方に根本的な違いがあれば、両論併記で合意したことにし、結局のところ官僚的な作文づくりに終始していた。

――下から上がってきた文章は、上がおかしいと思っても判子をつくと。

戸部　そうですね。両論併記ですから、後はそれぞれが自分の都合のいいように解釈して行動する。平時だったら、それでもそんなにひどい結果にはならなかったから、戦時であったこの時も、自分の都合のいいように陸軍も海軍も解釈し、そのまま動いていったということでしょう。

――この文章が承認されたのだから、「では、好きなようにやらしてもらおう」と。

戸部　お互いに、そういうことだったのだろうと思います。それまでもお互いに好きなことをやっていましたから。緒戦がうまくいっていなかったら、「これは大変だ」ということで、もしかしたら一本化できたのかもしれませんが、緒戦から互いに好きなようにやってうまくいってしまったわけですから、「まあ、しばらくこれでやっても大丈夫だろう」ということになったのでしょうね。

――しかし、どちらかに泣いてもらうとか、やはりこちらで行こうとか、一本化することがリーダーの役割ですよね。

戸部　私は、東条英機という人は非常にけじめをはっきりつける人だったと思うのです。東条内閣ができた時、彼には陸軍省のスタッフがいたのですが、絶対組閣本部には入れないんです。軍事と政治は違うのだから、お前らは入ってくるなと。政治と軍事をきちんと区別して、けじめをつけて自分はやるのだと言うんです。ですが、総力戦というのは、政治と軍事を統合しないとできないんですね。ところが東条は、それを分離してやろうとしたのです。

先ほど出た佐藤賢了の回想録に、彼が陸軍の軍務局長になった時に、東条が彼を呼びつけて軍務局長としてのあり方を訓示のようなかたちで話している箇所があります。それによると、東条は、「これまでは陸軍と海軍の間に意見の対立が起きた場合には、陸軍大臣と海軍大臣の最終折衝に任せられていて、そこで折り合いがつかない時には総理が決断をした。しかし、今回は陸軍大臣たる自分が総理になったので、自分が調停することはできない。だから、陸軍と海軍の間の問題は、軍務局長同士で解決しろ」と言ったというんですね。

私は、もしスターリンやチャーチル、あるいはルーズベルトだったら、「そういった問題が起こった場合は自分のところに持って来い」と言ったと思うんですよ。自分が解決してやる、と。東条はそうではないんですね。そのような対立は問着《もんちゃく》を起こすから、下の所で解決しろと言う。これでは、問題が起こった時は常に末端に決断を委《ゆだ》ねるということになってしまいます。そのような意思決定を平時によくやっていたのだと思うのですが、それを戦時でも同じようにやってしまったのでしょう。

――勝っている時、波に乗っている時というのは、やはりやり方を変えるというようにはいかないものなのでしょうか。

戸部　でも、やらなくてはいけないのだと思います。それができるかできないかにかかっている。うまく行っている時に次のビジョンを作る。発想を変えて、転換する。それが大事だったのではないでしょうか。

それでも勝てなかった、とは思います。しかし、もっとましな戦い方ができなかったか、もっと犠牲の少ない戦い方ができなかったか、降伏するにしても、より有利なかたちで降伏を勝ち取れなかったか。そのように考えていくと、あそこで転換できなかったということが、ひとつ致命的ではあったのだろうなとは思いますね。

「決めない」のではなく「決められない」

――やはり指導者不在というものが、これだけ悲劇を大きくしていったということは言えるのでしょうか。

戸部　それは、この戦争の戦い方についてだけではなくて、太平洋戦争以前から同じ状況が続いていたと言えるでしょう。例えば中国との戦いにおいても、指導者が近衛文麿ではなくて、もっと大胆なリーダーシップを発揮できる人物であったのならば、戦争をあれだけ長引かせずに、盧溝橋《ろこうきょう》事件という局地的な事件だけで終わらせることも不可能ではなかったかもしれない。

日米開戦についても、もし傑出したリーダーがいれば、アメリカとは戦えない、戦った時のコストの方が大きいと言って開戦回避を決断したかもしれない。当時、「戦えない」と言った人も実際にいたわけですしね。

そういった常識的な判断を最高意思決定のレベルで打ち出して、国民をリードしていくことだって有り得たのではないでしょうか。戦争が始まってから出てきたというよりも、この問題はずっと続いていたのだと思いますね。続いていたがゆえに、直らなかった。いわば常態化していた。

「戦争指導の大綱」にしても、何のビジョンも示されないまま、「皆さんで議論してください」といった状況では、向かうべき方向が共有されないまま議論することになる。それこそ議論百出という事態になり、結局どっちともとれるような言葉だけでまとめていく。残念ながら、こうした面は戦後になってでも見られることですが、一番大事な時にそれをやってしまったわけです。

――そういった事態を招かないためにも、リーダーは目的を明確化しないといけない。

戸部　目的の明確化というのは、誰かが目的をはっきりと示さない限りはできません。ゆっくりと時間をかけることができるのならば、話し合いでも決められるかもしれない。しかし、それこそ一刻を争うような場合には、リーダーや最高実力者が、はっきりと言葉で方向性を示さなければ動いていかないでしょう。

――この時、日本にはそういうリーダーがいなかったと。

戸部　残念ながら、そうなのでしょう。皆、東条英機のことを悪く言いますが、一九三〇年代であれば、東条だって、まあ非常に日本的な並のリーダーと言えたでしょうし、特別に悪いリーダーだったとは思えません。偶然が作用して東条はトップになってしまったのだと思いますが、そのようなリーダーしか生むこと、育てることができなかったと言っていいのではないでしょうか。

――リーダーが決定しないことの影響というのは、やはりものすごく大きいですね。

戸部　そう思います。また、いつ決めるかという、時期の問題もあると思います。例えば、ルーズベルトという人はずっと決めないでおいて、あるチャンスを見つけてそこで決めるんですね。そのようにして引っ張っていくタイプの人物です。皆に議論をさせて、その動向をずっと見ていて、最後に「自分はこうする」と決断する。

日本の場合は、ずっと見ていて最後に決めるということではなく、やはり決められないんです。残念ながら、リーダーに決めるという意志も能力もない。少なくとも、満州事変以降から敗戦に至るまで、そういった状況が続いたのではないでしょうか。

不思議なことに、リーダーがいなくてもうまくいく時はうまくいくんですよね。そして、それが実はかなりの幸運や何らかの要因に助けられているということを皆が忘れて、それを当り前の状態だと考えてしまう。そうなると、後でとんでもないしっぺ返しをくらう場合があるのではないでしょうか。

戦争を止めることの難しさ

――「戦争指導の大綱」が出された一九四二年三月七日の三か月後のミッドウェー作戦、五か月後のガダルカナルの攻防のあたりから、日本が一気に転げ落ちていったというような見方が一般的にはされています。そういう意味では、その転落のきっかけが、この時点だったのではないかとも思えますが。

戸部　先ほども言ったように、その前からも同じ状態が続いていたわけですが、その健全ではない状態が、戦争中の日本にとって一番有利な時期になっても変わらなかった。その点が、この「大綱」の一番特徴的なことではないかなと思います。

変わらなかったことが、すぐにミッドウェーやガダルカナルに直結したとまで言えるかどうかはわかりませんが、少なくとも、陸海軍がバラバラに戦うことを暗黙のうちに了解し、その了解事項に基づいてそれぞれが動いていく。それが、ミッドウェーの作戦の決定につながっていったり、ガダルカナルでの対応につながっていったということは言えるでしょうね。

――ミッドウェーの作戦以降、どちらかと言うと、日本は攻めよりも、守りの方に軸足が移っていきます。そこからは、連合国側が「無条件降伏」を要求した一九四三年一月のカサブランカ会議などもあって、すぐに戦争を止めるということも簡単にはできない状況になっていきますね。

戸部　これは前にも述べましたが、戦争は相手があるものですから、こっちが止めたいと思ってもすぐ止めることができるわけではない。また、それまでに払った犠牲もありますから、その犠牲を無駄にはしたくないとリーダーや為政者たちは考えます。そういった中で、戦争をどのようにして終局に持っていくか、終戦のかたちに持っていくかということが大事なのだと思います。

まずは、とにかく負けないようにするための戦い方を何とかやらなければいけない。海軍の当初の狙いは引き分けに持ち込むことだったと言われていますが、一九四三年以降になると、もう引き分けにすることもできない。そこで、どのようにして負けるのかということになるのだと思いますが、それを口にすることもできない。「必勝の信念」ということを国民に訴えている一方で、どのようにして負けるのかといったことを公《おおやけ》に議論することはできない。しかし、戦況を知っている人たちは、そうせざるを得ないことにもう気づいているわけです。

――もはや、一九四二年前半のような、この先をどのようにするか、どうやって終わらせるかといったことを考えられるような状況では、すでになくなっていると。

戸部　軍人の立場からすれば、相手が攻撃してくるからには守らなければなりませんから、そこで止めるわけにはいかない。結局、アメリカの反攻に対してその場その場で対応していく以外になかった。ですから、止めるかどうかの決断は、政治的な決断にかかってくるわけです。止めようと思えば、どこかに調停を頼むか、直接和平に持っていくか、そしてそのシグナルをどのようにして送るのかということになる。ですが、当時の最高指導部は一九四五年の段階に至るまで、そういったシグナルをなかなか送りません。

彼らがやろうとしていたことの一つは、まず中国との戦いを何とかして止めること。中国との和平を、当初は汪兆銘《おうちょうめい》政権を通して進めようとしましたが、うまくいかない。もう一つは、独ソの和平を実現して、ソ連を仲立ちにする、あるいは少なくともドイツが英米との戦争に主力を注ぐようにしたい。けれども、これもソ連が対応してくれない。ですから、手詰まり状態なんですね。かといって、連合国側からは一切日本に手を差し伸べてはきません。むしろその後に、「無条件降伏」と言われるわけですから、日本側としては手の打ちようがない。

こうした状況を今の私たちが見ると、「もう手を上げたら」と言いたくなりますし、その気持ちはよくわかります。しかし、戦争をそれまで何年もやってきた当時の人は、簡単には手を上げられない。互いの憎しみも強まっていますから、ゲームのように陣地を取られたからそこで終わりというようにはいかない。そこが、一度始めたらなかなか止められないという、戦争の難しさだと思います。

――危機の時代、国家の方針を一つに決めなければいけない時に、それができず、結果的にその後の悲劇を招いていく。先の戦争のこうした歴史から、現代の私たちが読み取るべき教訓は、何だとお考えになりますか。

戸部　繰り返しになりますが、一つには、やはりリーダーシップの問題ですね。危機の時には、平時の積み上げ方式と言ったらいいのか、あるいは括弧付きですが〝民主的〟な話し合いだけで物事が決まるわけではなく、何らかのリーダーシップを持った人が方向づけを行わないと、物事が進むべき方向には進んでいかない。リーダーシップが発揮されないと、今までの対立やバラバラの方針の確認や追認といったことだけに終わってしまいます。そのことが、一つの教訓だとは思います。

もう一つは、危機意識、あるいは戦時意識と言ったらいいのか、そういった意識が当時は徹底していなかったのかもしれません。一九三七年以降、中国との戦いがあり、それが惰性のように続いていた。ですから、本来は戦時の危機意識の中で物事を決めていくべきなのに、そうした意識への転換がなされずに、しかも緒戦がうまく行ってしまったことで方向性を明確に示さなくてもこれまでどおりのやり方でうまく行くのだという、それこそ惰性が働いてしまった。戦時のはずなのに、平時感覚とまでは言いませんが、それに近いような感覚で議論を行っていた面がどうもあったように感じられます。当たり前のことかもしれませんが、危機の時には平時とちがう感覚や意識で立ち向かわないと、物事はうまくは行かない。これも、一つの教訓となるかもしれません。

南方占領地域と大東亜共栄圏の実態

大東文化大学教授　柴田《しばた》善雅《よしまさ》

受命企業と天下り

——日米開戦の緒戦の勝利で、日本は瞬《また》く間に南方地域を占領し、そこに多数の日本企業が進出していきます。現地を支配する軍にとって、企業を抱えることの直接的なメリットはどんなことだったのでしょうか。

柴田　どの企業に来てもらうか、受命する際に軍は企業に影響力を行使することができます。受命企業の方は、自分たちを推してくれた陸軍省や海軍省に恩義を感じる。官庁がいつもやっているようなことだと思いますが、企業に恩を売ることで、後々いろんなメリットが付随的に発生してゆきます。

具体的には天下りです。占領当初の日本国内で軍から事業を受命する段階では、まだ軍人たちが天下れるポストというのは、ほとんどなかったと思います。しかしやがて現地法人がつくられて受命企業となった時には、軍人が直接手を回して、「あの時、口をきいてやっただろう」といったことにもなります。この段階では、後々の天下りのポストを確保することも、さほど難しくなかったように思えます。

すべての会社を調べたわけではありませんが、例えば、すでに海南島では、現地の軍が許認可権を握ることで利権が発生していましたから、当然新たに天下りのポストを期待していた軍人が多くいたと考えられます。

——ということは、軍の方ではその地域に進出してきた企業が将来的に現地法人化した時のことを見越して、前もってどんどん企業を受け入れていくというところがあったのでしょうか。

柴田　そういった考えもあったと思います。特に政府の意向で動いている企業は、なおさらそういったことになりやすい。受命企業が南方各地で関連会社をつくれば、多くの天下りのポストが確保できますから。

——軍が支配している占領地の企業が、天下りの受け入れ先になっていくというのは、ある意味では必然的な構図として考えられていたのでしょうか。

柴田　そうでしょうね。しかも、戦時ですから、企業の方でもビジネスチャンスを求めて次々と進出してくる。ですから、そのような構図がいろいろなところでできていくということがあったと思います。

――実際に海南島の登記簿を見てみると、企業の幹部に海軍関係者が居座っていますね。

柴田　一九三九年二月に海軍が占領して以降、海南島には多くの日本の法人が進出しました。中心都市・海口《ハイコウ》の日本の総領事館の登記簿には、かなりの数の日系企業が登録されています。

その中の一つに、例えば台拓海南産業株式会社（一九四四年四月一日設立、本店海口）があります。これは台湾総督府のもとにつくられた国策会社・台湾拓殖株式会社の関係会社で、それまで台湾拓殖が幅広く関わっていた海南島の事業のすべてを引き継いで設立された会社ですが、代表取締役に元海軍中将・和波豊一《わなみほういち》が就いています。同社は、海南島に法人登記した会社の中で払込資本金規模では最大です。

台湾は海軍の影響力が強く、何人もの高級軍人が台湾総督に就任していました。事実上、台湾総督府の意向で動いていた台湾拓殖の子会社が、当然海軍軍人たちに天下りのポストを手配したと想像します。

占領地に蠢《うごめ》く旧軍人や企業幹部

――そのような天下りのケースというのは他にも多くあったのですか。

柴田　海南島で元軍人が関わった企業として変わったところでは、株式会社厚生公司（一九四四年八月二六日設立、本店海口）という会社があり、ケシ栽培とアヘンの製造をしていました。これも一種の国策で事業を行う会社で、アヘンという通常のビジネスでは扱わないような事業を行っていました。

最初は一九四〇年二月に民間の個人事業の福田組という企業が着手したのですが、うまく行かず、それを一九四一年二月に元陸軍中尉《ちゅうい》・高畠義彦《たかばたけよしひこ》の個人事業厚生公司が引き継ぎ、その後、法人化しました。同社の代表取締役は高畠です。高畠が退役後もいろいろなところに関わることができたのは、母の従姉《いとこ》の夫が頭山満《とうやまみつる》の玄洋社系の国家主義者・杉山茂丸《しげまる》という人物で、その杉山の手配がなされたからだと言われています。ちなみに杉山は『ドグラ・マグラ』の著者、夢野久作《ゆめのきゅうさく》（本名・杉山泰道）の実父です。

この高畠という人物は謎《なぞ》の多い人物で、上官と軋轢《あつれき》を起こして陸軍中尉を退役後、日魯《にちろ》漁業に勤めて、カムチャツカで操業していました。そこで裏ではカムチャツカで越冬してまでソ連を調査していたようです。その後、魚粉の会社を経営したとの記述を見ますが、会社を傍証できていません。友人の陸軍軍人・長勇《ちょういさむ》を介して、参謀本部の橋本欣五郎《きんごろう》らの超国家主義の結社・桜会ともつながっていて、一九三一年三月に起こった橋本らによるクーデター事件（三月事件）にも関わっており、発覚後、橋本たちの罪状を軽減するため裏で動いた一人が杉山と言われています。

クーデター事件後、桜会は解散させられ、日本に居づらくなった高畠は満州国に移り、ハルビンで哈爾濱《ハルビン》不動産信託株式会社（一九三五年一二月一六日設立）の取締役に納まります。ハルビンですから、ここでもおそらくソ連の調査をやっていたのだと思われます。一九三九年には辞めています。その後どういう経緯かは定かではありませんが海南島で厚生公司の経営を始めます。高畠は厚生公司の東京事務所に詰めており、海南島では暮らしていません。高畠はいろいろな裏の人脈を抱えていた人物のため、このような事業に呼び込まれたといったところかもしれません。アヘン取引では里見機関（代表者・里見甫《はじめ》、元ジャーナリスト）として知られるアヘン流通組織が日本占領下の上海《シャンハイ》で活動しており、連携するにはうってつけの人物だったのでしょう。

なお厚生公司には、銀行を主業とする川崎金融財閥の川崎守之助も取締役に就任しており、登記簿でこれを発見し驚きました。軍からお呼びがかかれば大手銀行経営者がアヘン製造販売業にも手を貸すということなのでしょうか。厚生公司を海南島の現場でただ一人陣頭指揮した取締役の中村三郎は、敗戦後にアヘン政策の現場担当者として広東《カントン》（現在の広州）で公開処刑されたといわれています。

――やはり当時は、軍に関わりのある人物が会社の幹部になるようなケースが結構あったのですね。

柴田　先ほど紹介しました台拓海南産業のような会社ですと、台湾拓殖という政府出資企業の一〇〇パーセント子会社ですから、簡単に軍人が天下ることができてしまいます。軍人は退役後に文官に比べて再就職に困ることが多いため、このような形で天下りをアレンジしていたようです。同業他社が犇《ひし》めく業界で、軍人出身経営者が取締役として活躍するのは難しいでしょうが、地域と業種の独占が成立しており、政府の意向で活躍するような台湾拓殖の完全子会社のような会社では官庁折衝という業務が発生しますので、それなりの活躍ができる職務があったはずです。

満州国の特殊会社は受命企業ではないのですが、地域独占の事業を行っており、天下りの事例を見出《みいだ》せます。満州国ができた後に、そこに日本から出向した官僚が、満州国で退官後、現地の大きな特殊法人の役員・理事などに天下ったケースも随分あります。満州国で退官したわけではないのですが、元軍人で有名なところでは、張作霖《ちょうさくりん》の爆殺に関わった河本《こうもと》大作が満鉄理事を経て満州炭礦《たんこう》株式会社の理事長に就任し、甘《あま》粕正彦《かすまさひこ》が株式会社満州映画協会の理事長に納まったといった例が知られていますが、そのほかにも私の調べた限りでは、予備役編入後に陸軍高級軍人が満州航空株式会社社長、満州電信電話株式会社社長、満州拓殖公社総裁、満州製鉄株式会社理事長といった有力特殊会社のみならず、満州国参議府副議長、満州国協和会中央本部長、満州建国大学副総長といったポストに転職し、魅力的な天下り先を確保しています。これは関東軍が人事に介入してポストを斡旋《あっせん》したものでしょう。

　他方、海軍に満州国の有力天下りポストはありません。満州国で一定期間、特殊会社等の役職を務めた後、日本に戻り、戦時統制団体の理事等に納まったような例は、軍人以上に文官官僚で多数見出されます。帰国後のポストを満州国に出向させた官庁が斡旋しました。

現地法人を設立して地域独占を目論《もくろ》む企業

――企画院の田中申一《しんいち》という人が、戦前に軍人と企業がどれだけ癒着していたのかということについて書き残しています。その中に、開戦から二、三か月後の一九四二年の初め、既に陸軍省とか海軍省の廊下には、「これから進出させてほしい」という企業が長蛇の列をつくっていたというエピソードがあります。あるいは、軍事課の偉い人に取り入って、夜な夜な料亭で接待したというようなことも書かれています。

柴田　日本国内の事業では、商工省、農林省、大蔵省、厚生省などの役人に食い込むという手もあったでしょうが、占領地域ではやはり現地軍の意向というのが大変に強くなるわけです。軍政を敷いたところへ進出ということになりますから。そこで、受命を狙《ねら》う業者としては、陸軍省もしくは海軍省に取り入るということを、いくらでもやったということでしょう。

――陸軍なり海軍なりを接待漬けにするような業者もあったようですが、当時企業はなぜそこまでして受命しようとしたのでしょうか。

柴田　それは、新しいビジネスチャンスが南方に生まれたという認識だと思います。同業他社も一斉に受命事業者に手を挙げてきますし、何が何でも獲得しろという経営トップからの強い要求もある。あらゆる手を使い、接待ぐらいは当然だといった感覚で受命獲得に奔走したということでしょう。

占領地が安定して自分たちの会社の現地法人を新たにつくることができれば、事実上の地域独占ができるかもしれない。親会社としても、長期的に安定した関係会社のビジネスとして育成しようと見ていたはずです。そして、すでに似たような現実が満州国で実現されていました。実際、満州国の場合は一業一社のようなかたちの独占が政策として採用されていた時期もありました。それは後々崩れてはいきますが、それでも満州国政府や関東軍に早い時期に認められて参入してきた企業は、関係会社を通じて事実上の地域独占を確保することができたわけです。海南島などの他の占領地でも同じような状況がありましたから、その延長上で南方の占領地でも受命企業になりたい、ということだったのでしょう。

――実際には、受命企業はどのようにして決まっていったのでしょうか。

柴田　南方占領地の受命事業については、一九四二年一一月一日につくられた大東亜省が担当しますが、その前は第六委員会（一九四一年一一月二八日設立の南方経済対策の政策調整機関）という行政機関が担当しました。受命企業の選定方針が閣議に挙げられて決定されると、その方針に沿って第六委員会もしくは大東亜省が個別の会社を多数の応募の中から選定し、正式に決定するという流れです。

国立国会図書館にある大東亜省がつくった『南方経済対策』の各地域別進出企業一覧を見ると、南方甲地域（甲地域というのは占領した地域のこと）の受命企業が列記されています。開発の進んだマレー、ジャワ、スマトラに多数の有力企業が受命を受けて殺到しましたが、南ボルネオやインドネシアのセレベスなどにも、先ほど名前を挙げた台湾拓殖のほか、株式会社三井物産などの有力企業が記載されています。

受命企業になるために、第六委員会の決定に影響力を持つ陸軍省、海軍省、商工省、農林省などに斡旋のお願いをするといったことが当然ながら起こったはずです。農林業などはそれらの地域にたくさんありましたから、小さな受命事業者も多数参入を希望し、激しい競争になったようです。

――そうやって受命した企業の現地法人ができれば、軍にとっては天下り先が確保できる、と。

柴田　中国の占領地では、操業を受命した企業を、自分の会社の系列の子会社に切りかえたといった例もありましたから、同じようなことになるのを期待したのだと思います。そういった会社がさらに追加の受命を獲得した際に、「あの時にも面倒を見ただろう」ということですね。こうして利権が生まれます。特に何らかの独占が認められている政府系会社の関係するところが期待されたはずです。

南方地域におけるリスク

――日本は、一九三〇年代からずっと戦争を続けてきていて、満州や台湾などで企業と軍の協力関係のようなものがすでに存在していた。しかし、太平洋戦争に至った段階になっても、まだ天下りの確保みたいなことをやっている。もちろん目の前の戦争が一番大事だと思ってはいたのでしょうが、この期《ご》に及んでも、天下りという将来的な保身を同時に考えているというのは、かなり驚きますが。

柴田　軍人や官僚が、現役を去った後に恩給だけで食いつなぐのが難しいと考えていたのであれば、安定したほどほどのポストを斡旋されるのなら、それを得たいというところなのでしょう。軍人も既存の軍需産業に押し込むだけではポストは足りません。新たなポストの開発が必要です。そしていろんな地域で軍人あるいは官僚の天下りというのはたくさん起こっていたと言えます。

――そういった体質は、戦時でも変わらないのですね。

柴田　満州事変以後は、占領地に新たな特殊法人がたくさんできましたから、当然そこが新たな利権の開拓の場となります。戦争になると、軍隊の規模自体も大きくなります。予備役編入後の高級軍人を嵌《は》め込む貴族院議員や在郷軍人会等の銃後動員組織の幹部ポストの数が限られているため、それ以外の有力なポストの確保を陸軍省と海軍省は考えたはずです。そして先ほどのように満州で陸軍は天下りポストを確保しました。海軍はそれに対抗して、海南島で期待したはずです。

――満州事変以降や日中戦争の時にすでにそういった体質があった。さらに、太平洋戦争が始まった半年間で一気に南方の占領地域が広がり、軍としては新たに自分たちのポストをつくる場所がまた広がってきた、という気持ちだったのでしょうか。

柴田　そういう意識ももちろんあったでしょうね。国内特殊会社・植民地占領地特殊会社・国内統制団体等を通じて、退官後の天下りローテーション人事のネットワークを拡大し続ける大蔵省・商工省・農林省等の天下りポスト確保体制を真似《まね》して、予備役編入した高級軍人を魅力的な天下りポストに嵌め込める体制に少しでも近づきたいというような願望があったと見ています。それについてはすでに満州で先行し、海南島でも開始していたことでしたから。

海南島の場合は、領事館の機能があったので、すぐに日本法人がつくられていったわけですが、南方占領地域はその段階に達していません。軍政下で新たに日本国内法人中心の受命事業者が参入していくことになります。初めから軍人が直接関与するということはなかったとは思いますが、先ほど言ったように、やがて占領地行政が安定すれば、いずれは現地法人化ということが起こり、その時に天下りのチャンスが当然発生します。したがって、その前に恩を売っておくということになるのではないかと思います。

――南方の軍政地域には、いったいどれくらいの数の会社が進出したのでしょうか。

柴田　複数の地域に進出していた会社もありますが、重複を排除して、海軍の地域でだいたい百社ぐらいはあったと思います。陸軍の地域のほうが数はもっと多く、両地域に進出した会社もあり、四百社を上回る会社が動員されました。

満州国で多数の企業が参入し、その例を踏まえ、新たなビジネスチャンスとして、企業の方でも、南方占領地の受命で同じような事態が発生することを期待していました。企業は魅力的な事業、平たく言えば開発の進んだ「おいしいところ」に殺到したはずです。

他方、企業にとって行きたくないという場所も当然あったはずです。特に海軍の南方占領地では、辺鄙《へんぴ》な場所、インフラが整っていない場所も大変多かったですから、本音ではそういうところには行きたくなかったと思います。ただ、台湾拓殖や台湾銀行などの政府系の企業の場合は、行かざるを得ないような場所も当然ありました。日本の占領地域の最果ての地、インド洋に浮かぶアンダマン諸島の事業を受命した台湾拓殖は、実際には海軍に受命を強要されたようなものであり、行きたくなかったのではと想像しています。

インフラが整っている場所、例えば大規模なマラヤ・スマトラのゴム園やマラヤのスズの鉱山などすでに開発されている場合は、仕事が始めやすいはずです。既にでき上がった産業を接収して、近場から労働者を集めて操業するだけですから。部材のストックとノウハウの蓄積がありますので、メンテナンスも楽にできる。ところが何もないところで一から事業を始めるとなると、たいへんです。労働力調達にも苦慮する地域が多く、その前にまずは軍人たちの食糧を調達するといった作業も発生しますから。そのためどこに行くか、つまりどの地域の事業を受命するかで、企業にとっては大きな違いが発生したはずです。

戦時にうまく立ち回って大きくなる会社というのは、それ以前からすでにあります。まずは、兵器をつくる会社、軍需企業ですね。日中戦争が起きてから活況を呈した会社が幾つもあります。株価上昇で時価総額が上がり、利益が大きく積み上げられる。そうやって戦争で高い収益を上げた会社が、ほかの地域でさらなる拡大を目指そうとすれば、植民地に進出するか、占領地に進出するかということになる。日本は、この時点までは決定的な負け戦という経験がありませんでしたから、大日本帝国の拡大とともにビジネスチャンスは外へ外へと広がり続けたわけです。そうした国の進んで行く方向性を企業の側もある程度感じていて、しかも日米開戦の緒戦の勝利で沸き立っていた状況ですから、これまでの延長で、例えばイギリス領のマレーに進出しても、もともとのイギリス資本で操業してきた事業基盤があるのだから、うまくやれるのではないかと期待したのでしょう。

ただ満州や中国の占領後の地域開発のための企業動員と決定的に異なる点がありました。開戦初期の一九四二年五月に軍政支援のために、受命した各会社が人員を大量に送り込んだのですが、その最初の輸送船が敵の潜水艦によって撃沈されてしまい、大量に企業関係者が死にました。このことで、やはり南方の占領地域での経済活動のリスクの高さというのが初めの段階から表面化したといえます。日米開戦以降も、例えば満州国に日本人が大量に渡っても、船舶が襲撃されるといったリスクはほとんどありませんでした。それと比べると、南方の占領地域におけるハイリスクを、受命業者は皆感じたはずです。

許認可権限を軍が握る

――この時は国家の非常時ですから企業も国民も切り詰めてといったイメージがあったのですが、お話を聞いていると、ビジネスという点ではむしろ沸き立っていたところがあったのですね。

柴田　日本の占領政策というのは、占領地で軍需用の物資を調達・補給して初めて成り立つものです。すべての物資を日本から持ち込んで占領するということは日本の力量ではできません。その場合、こうした仕事をどこが担《にな》うのかといえば、軍人はそういった生産活動はできませんし、物資を調達するのなら商社、現地生産するなら製造業者といったところが関わっていくことになります。その時に、もし既にできあがったインフラと敵国企業資産があれば、現地の仕事はそれほど難しくありませんから、企業には大変に魅力的なビジネスチャンスと映るわけです。

まず政府系の特殊会社が参入し、その関係会社が後を追いかけます。その周辺にも同じような日本の他の純民間企業も受命企業として参入してきます。商社が先行する場合が多いのですが、有力な大手事業法人、例えば紡績会社も目立ちます。特に南方の場合には製糖会社も積極的に参入します。中国の占領地では、現在の直接投資と同じように既存の会社を買収するようなかたちもあり、またゼロから製造業の会社をつくったというケースもありました。

企業にとって新たな市場で着手する事業が魅力的であればあるほど、当然競争は激しくなり、手を挙げても皆受命できるとは限りませんから、いろいろなところで陳情合戦が起こるということでしょうね。これは、今も昔もあまり変わらないのではないでしょうか。

――企業としては、ビジネスチャンスというかたちで進出したいし、軍にとっても将来的に自分たちの受け皿ができるかもしれない。両者にとって、うまみがあるんですね。

柴田　相互に利益を期待していたと言えるでしょう。占領地域に参入する企業に許認可を出す日本側の権限は、満州国については対満事務局、中国関内については興亜院で、一九四二年一一月以降は統合されて大東亜省になります。しかし実際には、陸軍省、海軍省の影響力が大変に強いわけですから、軍がかなりの範囲で許認可の権限を握っており、軍の意向をある程度通すということも可能だったはずです。

許認可権を握るということは、軍の経済政策への介入ということになります。それまでにも軍と密着しているような会社があり、占領地で特定の産業を興《おこ》す時に何社から手が挙がっても、陸軍省あるいは海軍省としては当然、以前から付き合いのある会社を推したいという意向があり、結果その会社が優先されることになります。物資調達について、ある商社が「うちはその地域で既に仕事をしている」と言えば、通常は同じ商社が選ばれることになりますが、新規に割り込みを考える商社も当然出てきて受命合戦が起こる。その時に軍に強力な許認可権限が発生するわけですね。

セクショナリズムの横行

――どの地域を担当するかをめぐって、陸軍と海軍の間でかなり激しい奪い合いがあったと言われていますね。例えば、ニッケルがたくさん出るニューカレドニアは海軍が主担任になりましたが、それに陸軍が猛反発し、恫喝《どうかつ》のようなことをしたという記録も残っています。これほどまでの事態になるのは、なぜでしょうか。

柴田　もともと陸軍と海軍は大変仲が悪いです。犬猿の仲のまま、ずっと来ています。占領地域の支配を拡大することは、自分たちの権益を拡大することに連なります。また大蔵省に出す予算要求にも影響してきます。そのため奪い合いになります。

――ある地域の主担任になれば、そこの資源をどう配分するのかが軍の思いのままになるということなのかもしれませんが、単純に考えると、基本的には国に一旦《いったん》上げてから、陸軍なり海軍なりに配分するというのが筋のような気もしますが。

柴田　現実には、日本国内においても、中国の占領地でもそうだったのですが、陸軍と海軍の奪い合いのようなことがたくさん起こっていました。そもそも国内に資源が潤沢にあれば、占領地を開発する必要も本来ないわけです。そうではないから、結局占領を維持するために地場調達、地場生産に踏み切る。そうなると、多数の企業に参入させて引受けさせることになる。さらに現地に大量の軍人を動員しますから、それに伴って兵器の維持も必要になってくる。兵器生産の維持のために、例えばニッケルのような軍需材に大量に使われるような資源は激しい奪い合いになるわけです。

最終的には商品別に陸軍はこれだけ、海軍はこれだけといった線引きが一応はされます。その数字が確定する前に、激しい奪い合いが起こるわけです。

――セクショナリズムの問題といいますか、戦争を遂行している最中にもかかわらず、そのようなことになるのですね。

柴田　私は、軍人研究の専門家ではないので、確かなことは言えないのですが、一般的には、やはり競合する官庁同士は大体仲が悪くなるといった面もあると思いますね。

――官庁同士の争いは、現代にも通ずる部分がある気がしますが、この時は資材だけではなく、船も奪い合ったりしていますよね。例えば、インドネシアの油田から原油が出たけれども、それを運ぶ船がないという時、陸軍の整備局長が連絡会議などで「海軍には余剰分のタンカーがたくさんあるのだから、回してくれ」などと言っても、海軍から「いや、これは作戦に必要だから回せない」と言われる。油があるにもかかわらず運べない事態になってしまう。その後は、敵の潜水艦攻撃によって船自体が沈められて運べないという事態にまで陥ってしまうわけですが、その前の段階でも陸海軍で船を譲り合わないことで油が運べないということになってしまう。

柴田　異常な競合関係だったので、妨害のようなこともあったと思うんですね。特に原油というのは「血の一滴」といった表現がされるぐらい重要な物資だったので、やはり自分の方に余計に回したいという気持ちがかなり強固にあった。それで、陸軍用にはタンカーを走らせない、ということになってしまうわけです。

――本来であれば、それぞれが合理的になって、譲るべきところは譲るとか、目的の達成のために協力したりといったことが必要だったと思うのですが。こうしたことになってしまう要因として、そもそも戦争の目的自体が見失われていたような気もしてきますが。

柴田　戦争の目的はあったとは思いますが、その過程が同時に自分たちの利権の拡張の場にもなっています。となると、互いに譲れないということがいくらでも発生しました。これは、陸海軍だけではなくて、多くの省庁の相乗りのようなかたちでつくられた興亜院の中でも同様です。興亜院の設立に外務省は大反対しましたが、設立後は、商工省、農林省、大蔵省ほかの間で縦割りで棲《す》み分けがされて、それに従って占領地の行政も調整されるようなことになっていました。そして所管業界の占領地参入にあたり、他省庁からの介入をできるだけ排除しつつ支援する体制となりました。

一九四二年一一月に大東亜省ができた時も、外務省の東亜局と南洋局、拓務省、興亜院、対満事務局などが合併されましたが、ここでも大変な軋轢が発生したはずです。外務省が大東亜省設立に大反対したのは良く知られています。

――これだけの大きな戦争をするのであれば、いろいろなセクションが団結し、方針も一本化させるべきだと思うのですが、それさえできないで戦争を始めたということは、当時の日本というのはやはり負けるべくして負けたという気もしてきます。

柴田　セクショナリズムの強さがマイナスとなったのは、間違いないところだと思いますね。明治二年に中央省庁ができてから、現在まで同じようなシステムが続いているわけですね。縦割り、もっと言えば縄張り争いが当時の陸海軍の間で起こった。文官にしても、商工省、農林省、外務省、大蔵省等の間で争いが起こった。こうしたセクショナリズムの伝統がずっと続いていたのだと思いますね。普段から縄張り争いが激しいから、いざという時に仲良くしようといっても簡単には行かない。戦争という国家の一大事の時でも、その調整ができなかった。これは、やはり日本の官僚制の弱点を示しているのかもしれません。

大東亜共栄圏の実態

――太平洋戦争が始まった後、日本は「大東亜共栄圏」の建設という目標を設定します。しかし、当時の軍人の証言などを改めて聞くと、開戦後間もない一九四二年の段階で、すでに占領地では乱脈な経営がなされていたことが窺《うかが》えます。先ほどから何度も話に出ている軍と企業の癒着や、地元民のことを考えない経済運営などについて、現地に視察に行った軍人などが手記や証言を残しています。大東亜共栄圏の建設というのは、いったいどれぐらい本気で考えていたことなのでしょうか。

柴田　そういった発想自体は随分前からありました。人によっては、幕末までさかのぼれると言う方もいます。実際に、例えばフィリピンにおける対米独立運動に肩入れした日本人など、アジアの植民地解放に協力していた人物もいました。ですから、そういった個人個人にはアジアの解放という思想があって、実際に運動として存在していたのだとは思います。

そういったことが、日本軍が各地を占領した時にタテマエとして使われた可能性はあります。南進論にしても、破れかぶれというのは言い過ぎかもしれませんが、やはり原油の追加調達が不可能になったから無謀な戦争を仕掛けたということがよく言われます。実際に、その後すぐに日本は連合国軍に包囲網を敷かれて追い詰められていったわけです。

大東亜共栄圏の理念はアジアの解放ということで、日本占領下で、ビルマのバ・モウ政権、フィリピンのラウレル政権は独立しましたが、実際には、日本に協力する政権というかたちでした。インドネシアについても、独立させようとしたけれども、その前に日本が敗戦してしまったといったことがよく言われますね。ただ、現実には、例えばイギリス領マレーなどについては日本への領土併合という方針を強く出したりしていますから、地域ごとで軍政のあり方というのはまちまちだったのではないかと思います。

ですから、「大東亜共栄圏」というのは、あくまでも理念としての解放ということでしょう。実際に、それをどこまで深く考えていたのかということになると、何とも言えないところがあります。

――日本の戦争目的は、開戦してある程度戦争が進んでから決められたもので、泥縄式だったといったことも言われます。大東亜共栄圏という目標自体も、実際の現地での経済運営などを見ると、どこまで本気だったのかと疑わざるを得ない感じもしますが。

柴田　当時日本が欲しかったのは原油です。そこでスマトラを攻撃したわけですが、その時オランダ軍は焦土作戦をとってプラントを破壊してから降伏しました。ですから、その補修にかなりの時間がかかります。日本から石油産業の事業者が大量に送り込まれて、補修作業を続け一九四四年には概《おおむ》ね復旧しましたが、資材・労働力不足、輸送船の配船の低下で、期待を相当下回りました。それと、日本が欲しかったのは、イギリス領マレーの鉄鉱石といった鉱物など、一部の限られた資源だったと思います。

こうした目論みで占領し、占領地で経済運営を行ったわけですが、現実には、ゴムやスズに特化していた地域の産業構造は占領後に輸出先を失ってしまい、猛烈な勢いで失業者が増えて、イギリス領マレーからオランダ領東インドまでの地域の産業構造は、事実上崩壊せざるを得ないことになった。マレーやスマトラでとれたゴムやスズを全部日本が引き取ることができるかといったら、日本国内にはそれほどのマーケットはありませんから。結局、現地に大変な混乱をもたらす占領政策となったわけです。

実際のところ、受命事業者たちの方でも、仕事が大変難しいものになっていたのではないでしょうか。インフレや資材不足で、期待したほど仕事ができなかった事例の方がおそらく多かったのではないかと思います。

占領地での経済運営ということに関して、もう一つ言えることは、開発の進んだ陸軍占領地に比べ海軍の支配していた地域はもともと経済規模はそれほど大きくはないため、占領地経済の状況が大きく異なっていたという点です。いずれにせよ占領した以上は何らかのかたちで地場産業を維持して、使えるものは何でも使うというやり方をとりました。軍隊が行っている以上は何かやらざるを得ないということでしょう。それしかしその結果、占領後は特定の品目が過剰生産されることになったわけです。それまでは採算がとれていたマレーやスマトラ、ジャワなどの産業構造を考えれば、何でも使うということをしてしまえば、さばき切れなくなる事態になることは、最初からわかることだと思うのですが。他方、海軍占領地では地場産業は小規模で、現地調達も十分とは言えず、補給体制も細いままでした。

軍では、〝ゴムは自動車のタイヤ材として大量に使われているから、それを押さえれば敵軍は困るだろう〟とか、〝マラリアの特効剤のキニーネはオランダ領東インドでのみ生産されているから、それを押さえればマラリアにかかった敵軍の兵士を治せないだろう〟といった議論もされたようですが、例えば、キニーネはその後、化学合成ができるようになりました。ゴムも開戦前に欧米で過剰在庫を抱えていました。

こうした状況でしたから、実際に過剰生産をどう処理するのかで困ってしまったわけです。新たに産業を興そうとして、砂糖をアルコールに転換する、あるいはゴムを使って燃料油をつくるといった計画もあって実際に実験も行われました。しかしそれらの量産化を実現する前に戦争は終わったわけです。もっとも、マレーやスマトラでとれる膨大な天然ゴムをすべて燃料油に転換するとしたら、そのためには膨大な数のプラントが必要になります。一部の実験段階で終わっていましたが、もし仮に量産技術が確立して、新規産業に転換できる目途がついたとしても、日本がその地域を占領した一九四二年から敗戦までの三年間は、時間も資金も資材も不足していたわけですから、現実には量産化に踏み切っていたら大きな負担となったでしょう。

こうして結局、占領していることの意義自体がだんだんと薄くなっていき、そして現地の産業構造を無視した過剰生産の末、経済的な混乱に陥っていきます。マレーでは食糧不足が起こったのですが、地場で食糧を生産するのは難しいからジャワから輸入するという非常に混乱した事態になりました。現地の多くの人々は、直接的な軍事行動だけでなく、こういった面でも日本の占領によって苛酷《かこく》な状況に追い詰められたことは間違いないと見ています。

悪化する占領地域の状況

――中央からのコントロールというのは、全く効かなかったのでしょうか。

柴田　南方は、やはり日本本土から遠いということもあって、また軍政を施行していたため、現地軍の自主性が過大に認められるようなことになっていました。軍の中枢《ちゅうすう》と現地軍との間で判断が違う場合には、現地軍が独自の裁量権を主張することになる。私たちが調べた限りでも、南方の受命事業者には現地軍から追加で直接受命を受けて仕事をしている事例が極めて多数見受けられます。これは、現地軍に過大な裁量権が与えられたことの証左ですね。陸軍と海軍のズレだけでなく、中央と出先のズレも多々発生していたように見受けられます。

――もともと単に石油がほしいということで始まった戦争だったから、結局占領地での経済活動も地元経済を破壊するだけに終わってしまったと言えませんか。

柴田　戦争には大義名分が必要だということで、有力な産油地域だけを奪って「あとは、どうでもいいよ」というようなことにはできません。その結果、戦域をどんどん拡大して、大変に広大な占領地域をつくってしまう。そして、軍政支配によって荒っぽいことが多々行われ、当然地元の人々の中に日本に対する敵意が植えつけられていくことになります。実際に、シンガポールでは中国系住民の虐殺《ぎゃくさつ》が起こり、タイとビルマを結んだ泰緬《たいめん》鉄道の建設では捕虜と現地人労働者が大動員され、死屍累々《ししるいるい》といった悲惨な結果になりました。東南アジア各地で発生したこういった負の歴史は、日本に対する不信感として現在まで尾を引いているということもあるでしょう。

――一九四二年の前半の時点では、日本はまだ大きな敗北を喫していなくて、その年の後半のミッドウェー、ガダルカナルから転落が始まっていくというような言われ方がよくされます。このミッドウェー、ガダルカナルの前の時期は、占領地の実情はどのようなものだったのでしょうか。

柴田　東南アジアに限定すると、先ほども言いましたが一九四二年五月頃に、非戦闘員である一般の人が潜水艦の攻撃で大量に亡《な》くなります。これで、南方占領地を統治することのリスクの大きさ、やはり南方は危険な場所なんだということを受命事業者は改めて認識したはずです。一九四二年前半の時期でもそういった状況だったのですから、ミッドウェー、ガダルカナル以降は、もっとリスクが高まっていくことになるわけです。

その他にも、占領地における軍政下で、思ったより仕事がうまくいかない。猛烈なインフレが発生したり、先ほど述べたような過剰生産など、いろいろな問題が起こりましたから、この頃には、「とんでもないところに来たな」「長期的にはもたないな」と思った受命事業者がたくさんいたと思います。ミッドウェー以降は、それが現実のこととなっていくわけですね。日本の海軍力が急速に衰えていきますから、船舶の輸送力を増強するために輸送船をつくっても、つくった以上に沈められていくという時期に入っていきます。この段階では、もう負け戦であるということ、それから南方に戦線を広げ過ぎたことによる負担の重さというのがはっきりと認識されていたと思います。

戦線拡大のコストを考えずに限界の一線を越える

――開戦後の一九四二年三月頃、〝これ以上戦線を広げるのは止《や》めよう〟といった議論が大本営政府連絡会議でありました。陸軍は「もうここで止めた方がいい」と。しかし、海軍の方は「もっと南へ進出したい」と言う。結局、意見を統一できずに非常に玉虫色の方針をつくって、その後ずるずると戦線を南に広げていった。このあたりの中央の判断というのが、軍事的な面で非常に大きな影響を与えていったのではないかという気がします。この時の中央の判断は、経済的な面でもマイナスだったのでしょうか。

柴田　開戦の初めに日本軍主力は仏印のサイゴンから入って、タイを通過し、マレー半島を南下していきました。シンガポールを中心とした最も開発が進んだ地域、それから最大の原油の産地であるスマトラ、農産物が大量に生産されるジャワ、このあたりは、東南アジアの中心といっていい場所です。ほかは、フィリピンといったことになるのでしょうが、陸軍としては、この辺りを押さえた段階でもう充分だと思っていたかもしれません。それ以外の地域は人口も少なく、統治コストも大変高くつきますから、経済的な面での意義は極めて低かったのではないかと思います。戦線を広げることで、統治コスト、それから輸送コストも大変に高くつく。それでも陸軍と海軍は非常に仲が悪いですから、自分たちのテリトリーを広げたいという欲求が大変に強いので、海軍は東南アジアのみならずオセアニアへと、もっと地域を拡大したいと考えたのでしょう。

——戦線拡大した場合のコストなどの計算を当時もしていたと思いますが、経済的な面から見ても限界の一線を越えてしまったと。やはり、ここはひとつの大きなターニングポイントと考えられるでしょうか。

柴田　そうとも言えるかもしれませんね。日本から相当遠い場所にまで行って、そこで別の船に荷を積みかえて移動をするというのは、大変な負荷です。海軍としては、領域を広げたことのプラスとして、米軍やオーストラリア軍に反攻されるまでの時間稼ぎといったことを考えていたのかもしれませんが、当然ながら、辺境に送られた人たちは、それこそ見捨てられかねない状況に追い込まれたわけです。

私は軍事史の専門家ではないのですが、果たしてそんなことでいいのかと思いますね。ですから、海軍が占領地域を拡張していくプロセス、当時海軍が実際に何を考えていたのかというのは、今後もっと研究していく必要があるのかもしれません。

〝名将〟山本五十六の虚実

防衛省防衛研究所戦史研究センター　相澤《あいざわ》　淳《きよし》

戦後になってつくられたイメージ

――山本五十六と言えば、海軍の中でも非戦派、すなわち日米開戦に反対しながらも、やむを得ず開戦に至った悲劇の提督といったことが一般的にはよく言われてきました。この山本のイメージについては、どう思われますか。

相澤　私はかつて、『海軍の選択――再考　真珠湾への道』（中公叢書《そうしょ》）という本の中で、山本五十六が「英米協調論者だったのは本当か」という問いかけをしました。確かに英米との開戦をめぐって反対派と賛成派とに分けるとすれば、山本は反対派だったことになると思います。しかし、彼が戦争そのものを忌避していたという意味で非戦派というのであれば、それは事実ではないでしょう。もちろん、戦争に諸手《もろて》を挙げて突っ込んでいったという人では絶対にありませんが。

――同時代の人々、とくに海軍内部では、山本はどのように見られていたのでしょうか。

相澤　ひとつ押さえておきたいのは、戦争に反対していたということでもって山本を高く評価するのは、あくまでも戦後になってからのことだということです。つまり「戦争をしたことは悪かった」という現在の価値観で過去を裁断した上での見方です。その当時の日本や軍部、特に海軍では、山本をことさら非戦派として評価するような見方はなかったでしょうし、事実としても、そうではなかったと思います。

英米協調主義に関しても、例えば、一九二〇年代～三〇年代半ばに不満を持ちながらも英米との海軍軍縮条約を受け入れる時期が日本海軍にはありました。しかし、日露戦争以後の海軍の基本的な思想、課題であったのは、アメリカを仮想敵として、いかにしてそれに軍事的に対抗していくかということでした。軍縮に関しても、英米協調ということよりも、それを受け入れることで特にアメリカとの過激な建艦競争を避けられるなら、むしろそのほうがいいという判断だったでしょう。

そういう意味では、海軍は一枚岩で、考え方にそれほどの違いはない。ただしアメリカに対抗していく上での手段、やり方において違いがあったということだと思います。となると、山本にかぎらず、いま便宜上、誰かを海軍の「〇〇派」と位置付けたとしても、当時の海軍内部は、陸軍と比べて派閥対立と言えるほどの主義・主張の対立は基本的にはなかったというのが、私の考えなのです。

――軍縮問題をめぐっては、「艦隊派」「条約派」といった色分けが一般的にはされていると思いますが。

相澤　そうした色分けにぴったりとはまる人もいると思いますが、山本五十六という人は、そうした色分けにははたぶん、はまらない人なのだと思います。山本の抱いていた海軍の将来像とは、艦隊派的でもなく条約派的でもない「第三の道」といったものを示していたと言えるかもしれません。山本のような色分けに染まらない人物は、海軍の中でも特異な存在だったという部分はあったのだろうという気はします。

――山本五十六をめぐる〝虚実〟が一番の問題となるのは、日米開戦だと思いますが、事の経緯を明らかにするためにも、時代をロンドン海軍軍縮会議の頃にさかのぼりたいと思います。ロンドン会議に随員として出席した山本は、条約の調印に強硬に反対したが受け容《い》れられずに失望し、海軍を辞めるという噂《うわさ》もあったと言われています。

相澤　ロンドン会議に先立ち一九二一～二二年に開かれたワシントン会議で主力艦等の保有量（総排水量比率）が対米六割に制限された日本海軍は、補助艦を強化することによって軍事的劣勢を挽回しようとしましたが、一九三〇年のロンドン会議の時にはその補助艦でも要求以下に制限されることになりました。したがって、海軍としてはロンドン会議も失敗に終わったという認識だったわけです。ただ、この会議に臨む前に、海軍全体としてワシントン会議の轍《てつ》を踏まないように、要求する保有量の対米比率を「政府決定」として持っていくわけです。その考え方に山本も当然立っていましたし、特に山本は海軍少将で、次席随員という立場でした。ちょうど中・大佐クラスの随員たちのまとめ役みたいなところに位置していた。

若槻《わかつき》礼次郎を首席とする全権団が軍縮を受け入れるという流れになっていくと、海軍としては、政府決定まで持って来ているのだから、あくまでもそれで押し通せという中・大佐クラスの圧力が強まる。それを代表して山本が全権クラスに対して強くものを言っていた。そういうことだったと思うのです。だから、山本も海軍の一員として自分たちの主張は当然正しいと思っていたし、それは通すべきだというのが基本姿勢だったと思います。もし海軍の主張が通らないのであれば、会議の席を蹴《け》って帰ってくるべしという意見は、山本だけではなく、基本的に海軍の正論だったわけです。言い換えれば、ロンドン会議では、山本だけが強硬派だったわけではなく、海軍全体が強硬派だったと言っていいと思います。

――軍人の幕僚業務を軍政（軍の行政組織管理）と軍令（軍の作戦行動）に分けるとす

ると、当時の山本は、軍政家としての側面が強調されることが多いように思われます。

相澤　山本五十六が軍政家とされるのは、海軍次官の頃、具体的には三国同盟に海軍省側の人間として、つまり軍政側として強く反対したということから来るイメージだと思います。でも、私は、山本がいわゆる軍政家だったとは思いません。山本五十六はその経歴、軍歴から言えば、決して軍政畑、海軍省畑を歩いてきたわけではありません。

むしろロンドン会議以後の山本は、航空軍備の強化に本格的に乗り出し、最初は航空本部の技術部長として関わり、そして航空本部長もやるという「異色」の経歴を歩むわけです。もちろん技術屋ではないですが、とくに軍政でもないし軍令でもない。そのどちらにも属していない、正直エリートとは違う経歴だったと言えるかもしれません。

たしかに航空本部に行って海軍航空の発展、近代化に尽くしたところはありますから、それを軍政と言われればそうかもしれませんけれども。連合艦隊司令長官としてハワイ作戦（真珠湾攻撃）を指揮した人を軍政家と言ったら、果たして山本五十六は納得するかなと思いますよ（笑）。

――軍政、軍令のどちらにも分けがたい、ある種独特な存在だったということは言えるのでしょうか。

相澤　軍縮会議をめぐって、これを受け入れようとする条約派（主に軍政系）と拒否しようとする艦隊派（主に軍令系）とがいたとするならば、山本はロンドン会議以降、いわゆる「航空派」と言ってもいいくらいの人だと思うのです。艦隊派にも与《くみ》しないし、条約派ともちょっと違う。山本はそれ以前から航空という新たな可能性に目を向け始めて、ロンドン会議で補助艦も制限されるという状況にあって、軍縮で制限されない海軍航空の発展に力を注ぐわけです。軍縮によって海軍の艦船能力が制限されてしまったら、今度は海軍航空をもって、対米戦の可能性を考える。要するに、軍縮に対する不満や、アメリカに対する不満と対抗意識から、航空で戦力の劣勢を挽回していくというのが、山本の選んだ道だと思います。

ロンドン会議の後に条約派と艦隊派の間で派閥抗争の様相が呈せられ、それが統帥《とうすい》権干犯問題に発展して政争へと結びついてくる事態が起きますが、山本はそうした抗争には全く関わらなかった。だから、艦隊派からも敵と見られないからクビを切られることもなかったわけです。条約派とは、例えば同期の堀悌吉《ていきち》とは個人的に非常に親しかったですが、かと言って条約を諸手を挙げて支持するわけではなく、自分は自分のできる道で対米強化を図るということを一九三〇年代のはじめから山本は手がけていった。それが最終的には真珠湾につながっていくような海軍航空の発展になっていくのだと思います。もちろん、航空派といっても、派閥を形成するほどの具体的理念や人的規模があったわけではありませんが。

山本という人には、アメリカに対する反発はものすごく強いものがあったと思います。ちょうどロンドン会議のあとに、山本が艦隊派の総帥ともいえる末次信正《のぶまさ》軍令部次長に自身の意見を語っているのですけれども、「ロンドンで劣勢比率を押しつけられた海軍としては、アメリカと戦争になった時にはまず空襲をもって一撃をする」という内容なのです。だから、アメリカに対して感じた口惜《くや》しさというのは艦隊派的なものがあるわけです。では、ロンドンから帰ってきて艦隊派と一緒になって条約を結んだ人たちを攻撃するかというと、山本はそういうことはしなかった。他の手立てで、つまり船がだめなら飛行機だということで、アメリカに対抗しようとした。それが、のちの日米開戦時の真珠湾「空襲」に結びついていくわけです。

山本は本当に三国同盟に反対したのか

――次に、三国軍事同盟と山本との関係についてお聞きします。一般的には、山本と

米内光政《よないみつまさ》、井上成美《しげよし》の三人は、米英との協調路線を望んでいたために、日独伊三国同盟に反対したと言われています。

相澤　日独伊三国同盟と一口に言っても、同盟が成立するまでには段階があって、大きく二回くらい、交渉の時期がもたれています。もともとは一九三六年に日独防共協定が結ばれ、翌年一一月にイタリアが加わって日独伊防共協定が成立します。それがまず土台になって三国の連携をさらに強化しようとする動きが一九三八年から三九年くらいに起きてくるわけです。それに対して、海軍大臣の米内、海軍次官の山本、軍務局長の井上あたりが強く反対していたことは事実です。

最終的に日独伊三国同盟が成立するのは一九四〇年のことなのですが、この同盟化の動きと、先に述べた米内、山本、井上が反対していた一九三八年から一九三九年頃の日独伊防共協定を強化するという動きは同一線上にあるように見えます。しかし、この二つの動きは、全然性格の違うものであったと思うのです。その違いが見過ごされて、後から結ばれた三国同盟はたしかに英米との対立を激化させましたから、その前に同盟に反対していた海軍の三人は、先見の明があったということで高く評価されているようです。

一九四〇年に実際に結ばれた三国同盟は、英米を敵対視する同盟でしたけれども、米内、山本、井上が反対した同盟化、すなわち日独伊防共協定強化においては、主敵はあくまでもソ連だったのです。「防共」という言葉でも明らかなように、それは日独伊の三国が協調して共産主義（ソ連）に対抗することを目的としたものだったのです。

海軍の三人が反対していたのは、あくまでも「防共」協定の強化ですから、それをもって彼らが何よりも英米との戦争に反対していたということには、どう考えてもならないと思うのです。たしかに日独伊の三国関係だけを見れば、防共協定が発展して三国同盟に至ったという一面はあります。だから、この三国の提携強化に反対した三人は、後の英米との戦争にも反対だった――という思い込みというか、先入観を持ってしまう。そこにいちばん大きな〝通説〟の問題点があると思うのです。

――防共協定強化と、後の三国同盟とは別に考えなければいけないということですね。

相澤　防共協定強化の時、三国が想定した主敵はソ連ですが、日独伊三国同盟を結んだ時の状況を見ると、やがてはソ連をも含めた日独伊ソの四国同盟まで発展させようという考え方であったわけです。かつては主敵にしようといった国を、今度は仲間に入れようといっているわけですから、全然話が違う。極論すれば、二つの同盟はまったく違う同盟だったと言ってもいいくらいだと思います。

――なぜ米内、山本らは、一九三八年から三九年頃にかけて防共協定を強化してゆく段階で、これに反対したのでしょうか。

相澤　この防共協定強化は、ソ連を仮想敵とする日本陸軍とドイツとが、いわゆる対共産主義という姿勢での共同歩調をさらに同盟にまで発展させて、ソ連を挟み撃ちにしようという発想から生まれたものです。それまでの防共というのは基本的には守りの意識を表していましたが、それをこの時期に一歩進めて攻勢的な同盟にしようとしていたのは間違いないわけです。

それに対して、戦間期の海軍は基本的にソ連に対しては敵対しないという基本路線を守り、その姿勢は首尾一貫していたと言ってもいい。最初に日独防共協定が結ばれた時に、横須賀《よこすか》鎮守府の司令長官をやっていた米内などは、「むしろソ連とは手を結ぶべきだ」ということを参謀長だった井上成美に語っていました。米内はロシアでの駐在経験もあり、ソ連に対しても理解がありました。しかし、これは何も米内に限らず、海軍全体がソ連と事を構えるということには反対だった。

アメリカをずっと仮想敵にしている海軍にとって見れば、後背に敵を抱えることになるソ連との対立を招く防共協定の強化は、非常に大きな脅威でした。そういった意味から、防共協定から一歩進めて、ソ連とも一戦交えようかという同盟を作ることに対しては基本的に反対していたのが米内であったと思いますし、その時の海軍のスタンスであったと言っていいと思います。

――それに対して、陸軍には、「防共」の名のもとに、事実上ソ連を封じ込めるような意図があったと。

相澤　駐ドイツ武官であり後の駐ドイツ特命全権大使を務めた陸軍の大島浩《ひろし》あたりが典型ですが、日独防共協定を結んだ時から、明らかにソ連を挟み撃ちするという意図があったと思います。ですから、ソ連側から守るだけの防共協定より、いずれは同盟に強化してソ連を挟み撃ちできるようにしたいという意向は陸軍には一貫してあったと思います。

――そうすると、対外戦略をめぐる陸軍と海軍の思想的な違いによって、山本らは防共協定の強化に反対したと。

相澤　そうですね。基本的には陸軍と海軍は国家戦略論において全然違います。非常に単純化して言いますと、陸軍は北進論、北に向けて勢力を拡張していこうという傾向があります。一方、海軍は南進論なわけです。あるいはそれにソ連との関係を入れれば北守南進論だったということができます。北に対して拡張していかないで、南に広がる海洋に発展しようという考え方です。

その考え方の対立が、この防共協定強化の時の陸軍対海軍の基本的な対立構図であったということができると思います。ソ連を敵とするのか、あるいは、味方とまでは言わないまでも、敵とせずにある程度協調できる時は協調するような相手として考えるのか、というところのぶつかり合いが、結局、米内たちが反対した時の三国同盟をめぐる基本的な軸だと思います。

こうした伝統は、実は日露戦争後、連綿として引き継がれてきたものです。日露戦争においては海軍は当然ロシアを敵としたわけですが、それ以降の海軍は、むしろロシア（革命後はソ連）とある程度安定した関係、敵対しない関係を保とうということでは一貫していました。もちろん、海軍が共産主義のソ連と親密であったというわけではなく、どの国を仮想敵にするのかという戦略レベルでの話ですが。

――海軍は、対米戦略という意味で、ソ連を敵に回すわけにはいかないという意識を持っていたということですね。

相澤　そうですね。一九二二年に成立したワシントン海軍軍縮条約で、日本は主力艦等の保有量をアメリカの六割に制限されることになりました。もともと日本は対米七割を必須《ひっす》としてきたため、明らかに劣勢比率を強いられたとして、海軍内では大きな悩みの種になったのです。こうした状況にあって、さらにソ連とも対立するとなると、まさに両面作戦を強いられる。海軍は戦略的にアメリカに対抗しようとしているのだから、ソ連とは敵対しないという考え方に至った。

ワシントン条約は、もちろん日本側に不満はあったけれども、最終的には受け入れました。その結果、いわゆるワシントン体制という一九二〇年代の東アジアの安定した国際体制が構築されました。そのために、軍縮を受け入れた海軍は英米協調路線をとったと捉《とら》えられていますが、その裏では、軍縮で主力艦を制限されたぶん、より小さな補助艦を強化していくという方策を実行しているのですね。また、日本側の首席全権であった海軍大臣の加藤友三郎《ともさぶろう》は、主力艦の制限を受け入れる一方で、太平洋でのこれ以上の防備強化を禁止するという条項を軍縮条約に入れることで、西太平洋における日本の状況を優位にしようという努力もしていた。帰国後に首相となった加藤は、対ソ承認も推進しています。こうした一連の動きは、すべてアメリカに対する戦略的判断が背景にあったと言えるでしょう。加藤と言えばアメリカと戦争しないことを決めた提督のように言われますが、彼は軍縮条約を受け入れざるを得ないという現実的判断を下しながらも、対米関係においては戦略的劣勢を少しでも避けようと、様々な手立てを講じていたわけですね。

ですから、海軍としては、対米関係に配慮しつつも、あくまでもアメリカを仮想敵国として意識し続けるということで一貫していたわけです。繰り返しになりますが、その意味でも、艦隊派、条約派という色分けは、対米戦略をどういうふうにやっていくかということにおける手段、考え方の違いにすぎないと私は思うのです。軍縮条約を受け入れたから英米協調というわけではなく、むしろ受け入れたことによって英米への反発という機運が高まっていったというようにも捉えられると思います。

もうひとつ、「対英米協調」と英米をひとくくりにして語られることが多いのですが、海軍の場合は「対米」と「対英」はある程度分けなければならないと思います。海軍はもともとイギリス海軍をモデルにしていて、イギリスから顧問を招聘《しょうへい》してその基礎を作ったという経緯がありますし、さらに日英同盟によるイギリスのバックアップで日露戦争に勝利したということから、対英協調という路線が起源としてありました。

ところが、日本海軍はもともと、アメリカのペリー提督が来航して砲艦外交を行ったことに対抗する意識――海防をしなければならないという危機意識――から始まっている。海軍という組織は、もともと対米の組織として始まっていると言っても過言ではないくらいで、そのペリーに対する復讐心《ふくしゅうしん》を山本五十六なども持っていたという説もあるくらいです。ですから、本当に対米協調と言える時期はどこにあったのかというのは、意外と微妙なところがあると思うのです。ワシントン会議で軍縮条約を受け入れたから英米協調だと言われてしまいますが、その時日本海軍の中では、明らかにアメリカに対して不信感が強まっていくわけです。

――日露戦争当時、講和については政治レベルで言えばアメリカが日本の後押しをしてくれたわけですし、そういった面での親近感を抱いたということはあったにしても、海軍は伝統的に、アメリカを警戒し、これを仮想敵としていたということですか。

相澤　もちろん日露戦争の時、アメリカ大統領のセオドア・ルーズベルトの仲介がなければ日本が勝てたかどうかはわからない。そういった意味での重要性はわかっていたと思います。一方で、あの時期のルーズベルトはまさに大海軍主義者として海軍を強化していますね。と同時に、日露戦争後のアメリカでは、排日移民法への動きなど「黄禍論」が出てきて日米関係も怪しい状況になっていく。そうすると、日本もそれに対抗して強力な海軍を作ろうとする。その結果、日米両国は激しい建艦競争を繰り広げる競争相手となっていったわけです。

突き詰めて言えば、山本五十六らが歴史の表舞台に出てくる以前に、すでに日本海軍はアメリカを競争相手とし、仮想敵とする伝統の流れの中にいたということです。

ヒトラーに会う予定だった山本

――三国同盟に話を戻しますと、一九四〇年に日独伊三国同盟が締結されるわけですが、防共協定に反対した海軍は、どのような対応をとったのでしょう。

相澤　先ほど申しましたように、海軍の考え方というのは首尾一貫していると思います。山本や米内たちが反対していた防共協定の強化交渉は、一九三九年に独ソ不可侵条約が結ばれたことによって頓挫《とんざ》したわけです。敵にしようとしていたソ連とドイツが手を結んだわけですから、日本にとっては驚くべき展開だった。ちょうどその直後に、高木惣吉《そうきち》という海軍省の調査課長は、今後の対外関係を検討した文書の中で「日独伊ソ四国連合が最も望ましい」と記しています。もちろんそれが海軍全体の考えだとは言い切れないわけですが、ただ海軍としては基本的に、その後の情勢の変化の中で三国同盟という話がまさに日独伊ソという形に広がっていくことに異論はなかったと言えるでしょう。また、三国同盟締結に同意した当時の海軍省首脳は、戦後に「なぜ三国同盟に賛成したのだ」と聞かれて、「海軍として反対する理由がことごとく消えたからだ」と語っています。まずソ連が敵ではなくなった。さらに問題となっていた「自動参戦条項」に関する問題も解決したことで、海軍としては反対する理由がなくなったというわけです。つまり、海軍が方針を転換したのではなく、同盟の内容が転換したということです。

しかも、海軍はソ連を敵とせずという考え方でしたが、それと同時に、実は戦間期の海軍は独伊と非常に「よい」関係にあった。ドイツとの関係というと、日本陸軍が近い関係にあったという話がよく出てきます。だから防共協定の強化も陸軍が進めたという話になるのですが、戦間期、特に一九二〇年代から三〇年代の初めにかけて日本とドイツの軍関係を見直してみると、陸軍同士よりも海軍同士のほうが、圧倒的に仲がいいんです。ドイツ陸軍にとって日本陸軍は、極端なことを言うと、付き合ってもあまり利点があるような相手ではないが、海軍に関しては、日露戦争の日本海海戦以降、ドイツは日本海軍の実力を高く評価していましたし、海軍同士の協力関係、例えば潜水艦技術の導入や航空機に関しても技術的な結びつきがかなり強かった。

山本五十六は、一九三五年の第二次ロンドン会議の一年前にその予備交渉の代表としてて再びロンドンに行っているのですが、その帰りにドイツの航空産業の仲介人ハックという人物から帰りにぜひベルリンに寄ってヒトラーに会ってほしいと言われて、ドイツに立ち寄っています。ヒトラーとの会談は結局実現しませんでしたが、山本が一九三〇年代のはじめから海軍航空に関わっていた関係もあり、このドイツの航空商人と山本の間にはヒトラーとの会談を打診されるほどの関係が築かれていたのでしょう。

イタリアとの関係もそうでした。イタリアというのは海軍五大国の一つで、イタリア海軍が地中海に存在しているだけでイギリスに対する牽制《けんせい》になる。日英同盟がなくなってから、日本海軍とイギリス海軍の関係はだんだん疎遠《そえん》化していった。この頃にはイギリスがどちらかというと中国の後ろにつくようになっていましたし、海軍ではイギリスに対する反感がかなり強くなっていました。そうした状況で、イタリア海軍がイギリス海軍を地中海に引きつけてくれるということは、日本海軍にとって戦略的に有利な話だったのです。

ですから、日独伊ソという可能性が出てきた時に、海軍から反発が出てくるような必然性はありませんでした。それがその後約一年間の国際情勢の変化の中で、すなわち独ソ不可侵条約が結ばれ、世界大戦が勃発《ぼっぱつ》して拡大していく中で、日本全体にも受け入れられていったというのが実態だと思います。

ですから、当時の海軍大臣の及川《おいかわ》古志郎がそれまでの対英米協調の方針を大きく転換したとか、あるいは陸軍の意向に押し切られて三国同盟を受け入れたというのは、正しくありません。むしろ、同盟案の内容が海軍の方にすり寄ってきたから、賛成したわけです。たしかに、三国同盟後に対英米関係は悪くなりましたが、それを海軍の「変節」のせいであると言い立てたり、及川のリーダーシップの欠如による失点という「物語」とするのは、事実に反すると思います。

もちろん、それでも、なぜ海軍は三国同盟には反対しなかったのだという批判はあるでしょう。しかし、これはそれ以前の米内・山本首脳部でも果たして反対できた問題だったのでしょうか。米内や山本が防共協定強化に反対している時には、ドイツとイギリスの戦争も始まっていません。ましてアメリカを敵にするということが現実問題としてまだ全然起こっていない時の話です。したがって、彼らにしても英米との対立に強硬に反対していたという状況では全然なかったわけです。そのことを、三国同盟の締結に関する及川首脳部の責任を問う場合には、頭の中に入れておくべきです。

「半年や一年は暴れてみせる」発言の真意

――三国同盟の結果、英米との対決ということが現実の問題となり、海軍にとっても逃れようのない目の前の危機として迫ってきます。日米開戦以降、山本五十六自身がどういう見通しを持っていたのか。有名な話で、首相の近衛文麿に日米戦争の見込みを聞かれて「是非やれと言われれば初めの半年や一年の間は随分暴れてご覧に入れる」と語ったとされていますが、その真意はどのようなものだったのでしょう。

相澤　一九四〇年の夏頃から、海軍に限らず日本の陸海軍は英米との戦争を想定して、国力の見積もりや、具体的にどういう戦い方をするかという戦争計画レベルのことを考え始めていました。その一つの結論として、一年くらいは十分戦えるという見通しが出てくるわけです。ですから、山本一人が独断で「半年や一年」と言っていたのではありません。ただし、「それ以降はわからない」というのも、山本だけでなく陸海軍全体の共通認識でした。

第一次世界大戦以降、国家間の戦争は総力戦に変わっていって長期持久戦になるという認識も持ってはいましたが、緒戦ならば――例えば一九四一年一二月に戦い始めるのであれば、最初の一年くらいは――今の日本海軍の実力で、十分アメリカに対して戦えるだけの力はまだあるという認識だったのです。アメリカは一九三〇年代後半から建艦を盛んに進めていましたが、それらは四二年末から四三年ぐらいにならないと出来上がってこない。少なくともそれまでは戦えるという見通しを、海軍全体としてまず立てていた。

ただ山本が、常識的な海軍のやり方で戦うビジョンを描いていたかというと、それは違うと思います。それまで日本海軍が営々と築きあげていた対米作戦というのは、まずはフィリピンあたりを取って、しかるべき時期にアメリカが奪回のために主力艦隊を派遣してきたら、それを小笠原《おがさわら》なりマリアナの近海なりで撃滅するというプランでした。それはまさに、日露戦争で日本海海戦に勝利したパターンを、場所を西太平洋に移した考え方です。ところが山本は、そういう戦い方は非常に難しいという思いを抱いていたようです。

――このまま手をこまねいていると、アメリカの建艦がどんどん進んで絶対勝てなくなる、という判断でしょうか。

相澤　そうですね。たとえフィリピンを取っても、アメリカがどんどん建艦を進めて軍備増強をしている間は、すぐに奪回に来ないかも知れません。連合艦隊司令長官としてはアメリカの軍備完成を待つそんな悠長なことをしていられない。決戦をアメリカが後ろにずらせばずらすほど、敵の戦力は日に日に大きくなっていく。山本が真珠湾攻撃をやらなければいけないと思った理由の一つは、まだアメリカの建艦が進んでいない四一年一二月なら勝てるかもしれないと考えたからでしょう。そして、アメリカの海軍力を最初の段階でできるだけつぶしておかないと、すぐに戦力比がアメリカに有利になり、その時決戦となれば勝ち目はないと考えた。日本側は、アメリカの建艦計画を承知していて、いつ頃になると戦力比がどのくらいになるというのは十分わかっていたわけですから。

先ほど言いましたように、そもそも戦争計画の段階で、せいぜい一年くらいしかもたないというのは明らかでした。そのために、最初にいわゆる南方の重要資源地帯を占領して資源を獲得し、その資源をどんどん日本に持ってきて戦うという考え方が戦争計画には盛り込まれていきました。ですから、山本が無責任に「半年や一年」は戦えると言ったのではなくて、まず、日本の戦争計画自体がそういうものとしてあったという話だと思うのです。

――あの発言は、具体的なデータに基づく戦略だったわけですね。

相澤　そうですね。ただ山本には、ある種の自信のようなものがあったのかもしれませんね。数字上は一年くらいもつということでしょうが、さらに一歩進んで、自分なら半年や一年だったらもっときちっとやってみせる、そのくらいの自信があったのだと思います。

――山本五十六を「偉人」として取り上げる論調の時に、山本自身は早期講和を考えていたが、必ずしもそれが戦争指導者のあいだでコンセンサスを得られなかった、言い

換えれば、山本の戦略を理解できなかった指導者たちのせいで、山本のプランは実現しなかったという言い方をされたりすることも多いですね。

相澤　山本五十六が一九四一年はじめに海軍大臣の及川古志郎に宛《あ》てた手紙で「戦備に関する意見」を述べていて、そこでハワイ作戦の構想についても語っています。その中で「一日にして戦いを決めてしまうくらいの意気込みでやるんだ」といったことを彼は書いています。日露戦争の時の最初の旅順口奇襲が失敗したという事例を挙げながら、もっと徹底的に、一日で敵を撃滅して戦いをすませるくらいの意気込みでやるんだと。もちろんそれは心構えであって、一日で戦いを終わりにできると本当に思っていたとは思えませんが、一撃でアメリカ側の士気を徹底的にくじいて、日本優位のもとに、できれば短期決戦を戦い抜きたいという希望だったと思われるのです。

逆に言うと、山本は駐米経験もありアメリカの底力は知っているわけですから、長期持久戦になったら勝てないのは十分わかっていて、だからこそ緒戦に全力をあげる。危険だということは十分わかっているけれども、ハワイ作戦で相手を徹底的に叩《たた》いて、アメリカ国民の戦意を喪失させることを、山本は構想していたわけです。それ以降も、決戦の度に勝つことによって相手の戦意をくじいていくしかないと思っていたのではないでしょうか。長い戦いの中でどこかで一発勝負の決戦が起こるのを待つような戦いをしていたら、相手はどんどん大きくなっていく。その前に連続決戦で二度も三度も叩くことができれば、アメリカも戦意がなくなるかもしれない。ヨーロッパでイギリスがドイツに敗れればますます戦意をなくすかもしれない――山本はこうした腹案でもって戦争計画を立てたわけですけれども、自信があったというよりは、むしろそれしかアメリカと戦う方法は考えられなかったのではないでしょうか。

ただ、現時点から見れば、日本がアメリカに決戦でいくつか勝ったからといって、アメリカが不利な条件で早期講和に応じたかというと、それは有り得なかったでしょう。たとえ、ミッドウェー海戦で勝利していたとしても、アメリカがそれで講和に応じたかというと、やはりそれは難しかったでしょう。

――いわゆる真珠湾攻撃以前の一九四一年の段階では、アメリカの世論は、厭戦気分《えんせん》に覆《おお》われていたと言われます。特に対日戦に関しては、戦意は相当低かったと言われていますが、そのあたりのことも、山本五十六をはじめとする日本の戦争指導者の頭の中にあったのでしょうか。

相澤　アメリカ側もそうだったと思いますが、日本側には相手の兵隊や軍隊に対する過小評価というのがあったと思います。海軍の中では、「アメリカ海軍の水兵には潜水艦乗りは務まらない、なぜならば、日頃贅沢《ぜいたく》をしているアメリカ人たちがあんな苦しいところで戦えるわけがない」といった「お話」も語られていました。ところが、実際に日本との戦いにおいて、アメリカの潜水艦の果たした役割はきわめて大きかった。同様に、いくらアメリカ市民の戦意が高くなくても、いざ攻撃を受ければたちまち世論が沸騰《ふっとう》するということを日本の指導層は見誤っていたということはあると思います。

――全くの見当違いだったということですね。

相澤　そういう相手に対する過小評価による希望的観測が、さらに相手や戦況についての分析をゆがめてしまったということがあったかもしれません。

東京空襲とミッドウェー

――山本五十六の大きな「失点」として、ミッドウェーの敗戦があげられます。

相澤　ミッドウェーにおいては、まさに日本側の気の緩みといったものがうかがえますね。山本五十六は、日露戦争終結時の東郷平八郎にならって、真珠湾攻撃成功後、「勝って兜《かぶと》の緒を締めよ」と言ったのですけれども、ミッドウェーの時には、情報が漏れてしまうし、十分な準備もしないまま戦いに臨むという作戦指導上の失態も犯しています。原因の一つは、東京が初めて空襲を受けたという「事件」でした。この事件に対して山本は大変な危機感を感じ、十分な準備ができないままミッドウェー作戦に突入していきます。山本は戦争が始まる前から東京が空襲されるような事態を非常に恐れていました。ましてや連合艦隊司令長官として、天皇のいる帝都東京が空襲されたというのは大黒星なわけですから、なんとかこれを取り戻すべく躍起になってしまった、と私は思います。

当時、緒戦の大勝利によって山本長官の評価は高まっていました。そんな中、一番恐れていたこと、つまり帝都を空襲されてしまったという事実は、天皇に熱い尊崇をよせる山本としては耐えがたいことだったでしょうし、連合艦隊司令長官としての責任を痛感せざるを得なかった。それが、ミッドウェーでのあまりに急ぎすぎた作戦指導に結びついたと思います。

――ミッドウェーに関しては様々な議論がありますが、山本五十六の失点であるという評価はある程度定まっているかと思います。にもかかわらず、ミッドウェーの敗戦後に、敗戦の総括、あるいは責任論といったものがおざなりにされたという指摘も耳にします。そのあたりはどのようにお考えですか。

相澤　ミッドウェーは、現代の視点で検証すれば、日本側の失敗というか、油断と言えるような局面はたくさん指摘できると思います。しかし、ミッドウェーでは当初日本の空母三隻《せき》がアメリカの艦上爆撃機の急降下爆撃によって沈められていますが、戦史などを読むと、もう引き返そうとしていたアメリカの艦爆部隊が雲の合間からたまたま日本艦隊を見つけたというのが真相らしいです。ですから、すべてを山本ら海軍将官の不手際《ふてぎわ》、あるいは無能のせいと決めつけてしまっていいかどうかは議論の余地はありますね。戦いでは、「運」という要素もありますから。

ただし、もし日米が逆の立場だったら、アメリカ海軍では結果責任を問われて責任者は間違いなくクビになるでしょう。ところが、山本に限らず日本の海軍はそうではなかった。指揮官の責任を問うということにはならなかった。ミッドウェーの責任を云々《うんぬん》するのであれば、山本の責任は当然あったでしょうし、なぜ辞任しなかったのかという責任論が起こるのも当然でしょう。

——山本以外にも、第一航空艦隊司令長官の南雲忠一《なぐもちゅういち》もそうですが、具体的に海軍内部では、彼らの責任を問うという動きは、表立ってはなかったということですか。

相澤　本当は、ミッドウェー敗戦のあとにきちんと敗因を検証しなければならない問題だったと思います。ただ、そこまでやってきた山本を外してそういうことをやるような余裕が、当時の日本海軍にはなかったのでしょう。山本のクビを切るのはいいが、その代わりに誰を連合艦隊司令長官に持ってくるのかという問題もあったでしょう。

――ミッドウェーの敗戦後、山本自身が日米戦争の方針に変更を加えたという事実はあるのでしょうか。

相澤　先ほども言ったように、アメリカに対して決定的に勝つという戦い方は山本の頭にはなかったと思います。さらにミッドウェーにおいて、海軍で一番中心的に活躍していた機動部隊の空母を一挙に四隻失い、それに伴うパイロットなどの人材も失ってしまったという状況では、もはや具体的な失地回復の方針を打ち出しにくい状況になったことは事実でしょう。しかもその年の夏には、ガダルカナルの反攻、ソロモンをめぐる航空戦に入っていくというような状況では、新たな事態に対応するだけで精一杯だったのではないかと思います。また、開戦当初、山本五十六の頭にあった、敵に一撃を加えて有利な状況で講和に持ち込むという発想自体は、この段階ではもう考えられるような状況ではありません。

山本五十六から見えてくる近代日本の対米意識

――これまでの話を伺って、様々な評価があるにせよ、やはり山本五十六は当時の海

軍においては特筆すべき人物であったことは間違いないところだと思います。しかし、その山本でも、真珠湾以降の戦争の展望、あるいは具体的なビジョンを見通すことができなかった。

相澤　しかし、それは山本一人の問題ではありません。日本の陸海軍すべてを通して、対英米開戦への具体的な研究を始めてみると、総合的な国力を含む様々な問題にぶち当たり、誰も勝利のデザインは描けなかったわけです。緒戦において重要資源地帯を取り、そこで長期持久態勢に入る。するとそのうちにヨーロッパ戦線でドイツが勝利する。そこですかさず日本も講和に持ち込もうといった他力本願的な戦争デザインしか描けなかった。

山本もその範囲内でしか、日米戦争の将来を見通せなかったのではないでしょうか。ただ山本はアメリカの力を知っていましたから、アメリカを敵とすることの困難も誰よりも知っていた。だからこそ、日米開戦に慎重であったことは確かでしょう。山本は、二言目にはすぐに「対米戦だ」と言うような人間を非常に嫌っていました。敵となるアメリカをよく知りもしないのに軽率に強硬論を言うような人間を、たぶん嫌っていたのでしょう。ですから、慎重論ではありましたが、絶対反対論者であったかというと、それも違うような気がします。山本自身が近衛文麿に答えているように、おそらく「やれと言われればやります」というスタンスだったのでしょう。「やれと言われればやる」という言葉の中には、アメリカに対する対抗意識や、経済封鎖で日本を追いつめるという「力の外交」に対して物申すという意識も含めて、山本の複雑な心境が表出されているように思うのです。

ですから、山本のこの言葉に見られた、開戦に受け身すなわち積極的ではなかったという一面だけを拡大解釈して「非戦の言葉」として読み取るのは問題があります。むしろ、対米戦の困難を知るからこそ、もしそれを実行するならば、日本海軍の中でやれるのは自分くらいだろうという自負を、山本は持っていたのではないでしょうか。そういう自負を持ちながらも、長期持久戦の総力戦の中では、開戦前に策定した戦争計画以上の戦争デザインは山本でも描けていなかった。それは、山本だけでなく、誰にも描けなかったことです。

――山本を天才、名将と讃《たた》える言葉は世に溢《あふ》れていますし、そういう文脈で物語的に様々なエピソードが語られる場合も少なくありませんが、その端々に拡大解釈や深読みもあるような気がしますが。

相澤　戦後から過去を振り返ってみれば、戦争に反対することこそが正しい選択だったという考えから当時の状況を見てしまいますが、冒頭でも述べたように、当時の人たちにはそういう価値観がなかったことに注意しなければなりません。少なくとも戦争を始める前に、強いアメリカに勝てるか勝てないかで悩んだ人はいたかもしれませんが、これが本当に「やってはいけない悪い戦争だ」と考えた人がそう多くいたかというと、それは疑問です。すべてを戦後の価値観で推し量ってしまうと、戦争に反対した人たちはすべて良い、ということになってしまい、結果、山本五十六も異常に高く評価されたりもする。しかし、歴史というのは、そのように単純に割り切れるものではありません。

——戦後の価値観で語られる山本名将論とか山本偉人論の多くは、創作によって作られた虚像なのでしょうか。

相澤　私は、偉人伝というものは、それはそれとしてあっていいものだと思います。それが、たとえば小説や映画という物語であるという前提さえ理解されていれば。しかし、戦後永らく軍事史研究が忌避され、軍人研究も希薄だったため、こうした創作を含んだ物語があたかも史実に則した山本五十六の研究であるかのように誤解されているならば、それは何らかのかたちで修正されてしかるべきだろうと思います。

山本の善玉論というイメージがたとえ「虚」だったとしても、では悪玉だったのか、という単純な話ではない。山本五十六は、もちろん凡将ではなかったと思いますが、一方では失敗もしています。海軍軍人としての不満をいろいろぶちまけるような一面もありましたから、高すぎる評価も低すぎる評価も、やはり問題を含んでいるのではないでしょうか。

むしろ幕末・明治期以降、ペリー来航からついには戦争まで進んでいった日本の対米関係を考えるうえで、山本五十六という人物は明治、大正、昭和と生きてきた軍人の中でもっとも重要な研究対象となる人物なのではないでしょうか。山本の対米意識のあり方、そしてその変化を丹念に跡付けることで、近代日本の対米関係の典型的な流れがうかがえるような気がします。それを、ただ単に対米協調論者、あるいは非戦論者だったかのように最初から最後までくくってしまったら、日本海軍はなぜ対米戦をやったのかがわからなくなってしまうはずです。

なぜ、戦線は拡大したのか

一橋大学教授　吉田《よしだ》　裕《ゆたか》

はじめに

一九四二年三月九日、大本営政府連絡会議は、「今後採るべき戦争指導の大綱」を決定した。初期作戦の成功という見通しがほぼついた時点で、今後の戦争指導の基本方針を定めたのである。しかし、この最高基本国策は大きな問題をはらんでいた。最大の問題点は、陸海軍間で統一した国家戦略が全く欠如していたことである。陸軍は、初期作戦の終了後は、石油などの重要資源を国内に輸送して戦力化し、南方戦線では、長期持久戦の態勢を固めることを重視していた。一方、アメリカとの国力の差から長期戦に自信を持てない海軍は、積極的な攻勢作戦をくり返すことによって、アメリカに短期決戦を強要することを基本方針としていた。その結果、この「大綱」では、「引続き既得の戦果を拡充して、長期不敗の政戦態勢を整えつつ、機を見て積極的の方策を講ず」という方針が決められた。戦略的重点の曖昧《あいまい》な典型的な折衷案である。そして、海軍は、「積極的の方策を講ず」という規定を根拠に、連続攻勢作戦を展開し、戦線は国力の限界を超えたところまで拡大していくことになる。

もう一つの問題点は、初期作戦の成功に幻惑されて、軍部も政府も、初期作戦の危うさに全く無自覚だったことである。一九四一年一二月のウェーク島攻略作戦では、米軍の手痛い反撃にあって第一次の上陸作戦は失敗に終わったし、同じ月のマレー沖海戦では、英戦艦二隻《せき》を撃沈したものの、英軍の対空砲火は熾烈《しれつ》で、その防空能力にはあなどれないものがあった。また、一九四二年一月九日に開始されたフィリピンのバターン半島攻略戦では、フィリピン軍と米軍の激しい抵抗にあって、日本軍の攻撃は挫折《ざせつ》し、二月八日には、作戦の一時中止をよぎなくされていた。フィリピン攻略作戦が終了し、日本軍がフィリピン全土を制圧するのは、五月に入ってからのことである。しかし、陸海軍はそうした戦訓から学ぶことはなかった。さらに踏み込んで考えるならば、そもそも、初期作戦の成功自体、開戦劈頭《へきとう》の真珠湾に対する奇襲攻撃の成功が前提となっていた。しかし、真珠湾攻撃は、海軍内部でも当初から強い反対論があったことが示すように、投機的性格の強い「大博打《ばくち》」だった。この点では、岩間敏「戦争と石油（4）」（『石油・天然ガスレビュー』第四四巻第三号、二〇一〇年）が示唆《しさ》的である。岩間論文によれば、日本海軍の艦艇は航続距離が短かったため、真珠湾攻撃では、タンカーからの洋上給油に成功するかどうかが、作戦のカギを握った。幸い天候にも恵まれて給油には成功するが、実際にはタンカーからの給油以外にも、各艦艇には、給油用の石油缶（一八リットル入り）やドラム缶（二〇〇リットル入り）が持ち込まれ、通路や甲板上に積み上げられていた。艦隊に積み込まれたドラム缶は三〇〇〇個、石油缶は四万個以上になったという。仮に奇襲攻撃に成功せず、米軍の反撃を受けた場合には、大火災が発生して大きな損害を被《こうむ》ったはずである。真珠湾攻撃は、薄氷を踏む戦闘であり、それが成功したのは、偶然の要素が強い。そのことに当の海軍はあまりに無自覚だった。以上の点を踏まえた上で、以下、戦線の拡大をなぜ阻止できなかったのか、という問題について考えてみたい。

1　政治体制上の問題

明治憲法によって基礎づけられていた当時の政治体制には、いくつかの根本的欠陥があった。第一の問題点は、よく知られているように、統帥権《とうすい》の独立である。統帥権とは、軍隊に対する指揮・命令の権限のことをいうが、戦前の日本社会では、明治憲法の第一一条が「天皇は陸海軍を統帥す」と規定していたことを根拠にして、統帥権は大元帥としての天皇に属する独自の大権であり、内閣や議会の関与を許さない、という解釈が一般的だった。明治憲法を厳密に解釈するならば、立法権・行政権・外交権などの天皇大権は、国務各大臣の輔弼《ほひつ》（補佐）に基づいて行使されることになっていて、統帥権だけが、国務各大臣、この場合で言えば、陸軍大臣や海軍大臣の輔弼の範囲外にあるという明文の規定は、明治憲法には存在しない。しかし、天皇親率の軍隊という思想が確立していくにしたがって、統帥権の独立が制度化されてゆく。その最大のものが、一八七八（明治一一）年の参謀本部の陸軍省からの独立であり、一八九三（明治二六）年の軍令部の海軍省からの独立だった。この統帥権の独立を盾にとって、陸海軍は政府のコントロールに容易に服さない、独自のエリート意識を持った集団になっていったのである。そうした軍人たちの持つ自負心をよく示しているのが、一九二一年に出版された、原田政右衛門《まさえもん》（陸軍士官学校第一六期）の著作、『大日本兵語辞典』である。この軍事用語辞典で、「せろん」（世論）の項目を引いてみると、「世の中の人が国家又は軍隊の上に関して勝手気儘《きまま》なる論説を試むること」とある。

統帥権の独立に関連して重要なことは、参謀本部のトップである参謀総長と軍令部のトップである軍令部総長（一九三三年までは軍令部長）の、作戦軍司令官や連合艦隊司令長官に対する権限が小さなものでしかなかったことである。具体的にいえば、軍隊を直接掌握している陸軍の作戦軍司令官や海軍の連合艦隊司令長官は、天皇に直属し、天皇の命令に従って作戦行動を行う。参謀総長や軍令部総長は大元帥としての天皇を補佐する最高幕僚長であって、天皇からあらかじめ委任をうけない限り、両者には軍隊を直接指揮する権限は与えられていない（家永三郎《さぶろう》『戦争責任』岩波現代文庫、二〇〇二年）。これは文書の形式をみれば、いっそう明白である。天皇が発する最高統帥命令は、陸軍の場合は大陸命、海軍の場合は、大海令という。ミッドウェー島の攻略を命じたのは、一九四二年五月五日付の大海令第一八号だが、この命令書は、冒頭に、「奉勅　軍令部総長　永野修身《おさみ》」と記した上で、次のように続けられている。

山本連合艦隊司令長官に命令
一、連合艦隊司令長官は陸軍と協力し「ミッドウエイ」島及び「アリューシャン」群島西部要地を攻略すべし
二、細項に関しては軍令部総長をして之《これ》を指示せしむ

明らかなように、連合艦隊司令長官にミッドウェー島の攻略を命じているのは、天

皇自身であり、軍令部総長の役割は、天皇の命令をうけ（奉勅）、それを伝達し、「細項」に関する指示を発することに限定されている。

つまり、軍令部総長や参謀総長の権限は、連合艦隊司令長官や現地の作戦軍司令官との関係でいえば小さなものでしかなく、逆に言えば、連合艦隊司令長官や作戦軍司令官が、作戦に関しては、実質上は大きな権限を有していたのである。この点については、エドワード・ドレア「内向きの論理・日本陸軍の誤算」（NHK取材班編著『日本人はなぜ戦争へと向かったのか（上）』NHK出版、二〇一一年）も、「日本軍が野戦場の司令官に与えた裁量の自由は、独特なものだったと思います。〔中略〕他のほとんどの〔国の〕軍は、〔中略〕野戦場の司令官はある程度の権限しかありません。最終的に、参謀総長が命令を下すのです。しかし日本軍では、そうならなかった」と指摘している。事実、海軍の場合でも、真珠湾攻撃やミッドウェー攻略作戦に積極的だったのは、山本五十六《いそろく》連合艦隊司令長官であり、その強硬な意見に軍令部が引きずられることになったのである。

統帥権独立の説明が長くなったが、政治体制上の第二番目の問題点は、国家諸機関の分立制である。明治憲法は、国務各大臣による単独輔弼制を大きな特徴としていた。国務各大臣が所管事項に対して、単独で天皇を輔弼するというシステムである。このことは、内閣総理大臣が充分な権限を与えられていないことを意味している。内閣総理大臣は、内閣の首班として閣議を主宰するが、その地位は、あくまで国務大臣中の第一人者にすぎず、各省の行政長官でもある国務各大臣に対して命令する権限を持たなかった。要するに、各省が分立し、各省の自立性が高かったのである。くわえて、軍部も決して一枚岩ではなく、陸軍省と海軍省が分立し、相互に対立をくり返していたし、前述の統帥権の独立が災いして、軍事行政を担当する陸軍省、海軍省に対しては、作戦・用兵を担当する参謀本部と軍令部がそれぞれ分立していた。

なぜ、このような制度設計になっているかといえば、その最大の理由は、明治憲法が、チェックアンドバランスの原理を採用していたからである。つまり、政治権力が特定の部門に集中するのを避けるために、国家諸機関を相互に牽制《けんせい》させ、均衡を保つという原理である。内閣以外の部門に目を転じてみても、内閣に対しては、国務に関する天皇の最高諮問《しもん》機関である枢密院《すうみついん》が、衆議院に対しては、皇族や華族などによって構成される貴族院が、対抗・牽制する関係にあった。そして、明治憲法の起草者たちが、こうした形で、政治権力の一元化をあえて避けたのは、伸張しつつあった政党勢力が、議会を基盤にして内閣をも掌握することによって、天皇大権が空洞化されることを恐れたからに他ならない。

以上のような問題、統帥権の独立と国家諸機関の分立制を考えるならば、かつての元老のような強力なリーダーシップを発揮できる政治家が存在しない限り、制度的には、統一した国家戦略を策定することはきわめて困難な状況にあった。最後の元老、西園寺《さいおんじ》公望《きんもち》は、すでに開戦前の一九四〇年一一月に死去していた。

2　政治主体の問題

次ぎに政治主体の問題から、この時期の問題点を考えてみたい。連続的攻勢作戦に固執し、戦線の拡大をもたらした最大の責任が海軍にあるのは確かだが、かといって、持久戦への移行を主張した陸軍の立場が正当化されるわけではない。一九四一年七月、陸軍は、関特演（関東軍特種演習）の名目で、満州に大兵力を集中し、対ソ開戦の瀬戸際《とぎわ》までいった。結局、南進論の台頭などによって、八月上旬には、対ソ進攻作戦を断念するが、陸軍は、その後も、対ソ戦の機会をうかがっていた。具体的にいえば、陸軍は、一九四二年のドイツ軍の攻勢に呼応して、対ソ進攻作戦を開始することを計画していて、四二年夏には関東軍にさらに二個師団を増強し、これによって関東軍の兵力は、前後を通じて、最も充実したものとなったのである（藤原彰《あきら》『太平洋戦争史論』青木書店、一九八二年)。北方での攻勢作戦のため、南方は持久戦の態勢に移行するというのが陸軍の方針であり、陸軍が戦線の拡大そのものに慎重だったわけではない。一九四二年の段階でも、地域別の陸軍兵力は、朝鮮・台湾を含む日本本土に五十万名、中国に六十八万名、満州に七十万名、南方に五十万名であり(大江志乃夫《しのぶ》編『支那《しな》事変大東亜戦争間　動員概史』不二出版、一九八八年)、陸軍の最大の兵力は対ソ戦に備えて満州に集中していたのである。それにしても、この兵力配置をみてみると、陸軍が対ソ、対中、対米英の三正面に兵力を分散させていたことがわかる。日本の国力を考えるなら、陸軍の作戦構想も、戦略的重点を欠いた無謀なものだと言わざるをえない。

もう一つの政治主体の問題としては、昭和天皇の存在がある。天皇は、国務大臣の補弼に基づき大権を行使することになっていたが、明治憲法の下では、最終的な国家意思の確定には天皇の同意が必要である以上、天皇が明確に反対の意思表示をした場合、軍部といえども、それを無視することはできなかった。また、統帥権の独立と国家諸機関の分立制が障害となって、最高国策の決定が困難になった場合には、天皇自身が、自らの政治的意思を様々な形で表明することによって、最終的な国家意思を確定するほかない局面が生まれることもあった。「今後採るべき戦争指導の大綱」が決定されたこの時期は、初期作戦の成功と天皇の強い支持を背景にして、首相の東条英《ひで》機《き》陸軍大将がきわめて大きな権力を掌握していた時期でもある。東条は、昭和天皇の意向にきわめて忠実であり、天皇の意思を内閣の施策に反映させることを常に意識していたことでも知られていた。戦線不拡大若《も》しくは戦線縮小という強い意思が天皇にあれば、東条首相（陸相を兼任）を全面的にバックアップすることによって、国策の転換を図ることも不可能ではなかったはずである。しかし、この時期の昭和天皇は、戦局を楽観的にみていた可能性が強い。四一年一二月二五日、天皇が侍従の小倉庫次《おぐらくらじ》に、「平和克復後は南洋を見たし、日本の領土となる処《ところ》なれば支障なからむ」などと語っているのは（「小倉庫次侍従日記」、『文藝春秋《ぶんげいしゅんじゅう》』二〇〇七年四月号）、そのことを、よく示している。危機意識を欠いた「牧歌的」ともいえる発言である。

もちろん、天皇は戦争終結工作にも、大きな関心を寄せてはいたが、過早な終結工作には慎重な姿勢をくずさなかった。一九四二年二月一二日、天皇は、内大臣の木戸幸一《こういち》に、次ぎのように語っている（『木戸幸一日記　下巻』東京大学出版会、一九六六年）。

勿論此《もちろんこの》問題〔戦争終結工作〕は相手のあることでもあり、今後の米英の出方にもよるべく、又独ソの間の今後の推移を見極めるの要もあるべく、且又《かつまた》、南方の資源獲得処理についても中途にして能《よ》く其《そ》の成果を挙げ得ない様でも困るが、それ等を充分考慮して、遺漏のない対策を講ずる様にせよ。

また、「今後採るべき戦争指導の大綱」が決定された三月九日の日の天皇の言動を、木戸幸一内大臣は、次ぎのように書き留めている（同右書）。

御召により御前に伺候したるに、竜顔《りようがん》殊《こと》の外麗《うるわ》しくにこ〳〵と遊され「余り戦果が早く挙り過ぎるよ」との仰《おお》せあり。〔中略〕又ビルマ方面にてはラングーンも陥落せりとの御話あり。真に御満悦の御様子を拝し、感激の余り頓《とみ》には慶祝の言葉も出ざりき。

天皇自身が、勝利に幻惑されているのがよくわかるが、特に問題なのは、ビルマ作戦である。開戦前の作戦計画では、初期作戦終了後に本格的なビルマ攻略作戦を実施することになっていた。しかし、実際には、作戦が順調に進展したため、ビルマ攻略作戦は、初期作戦中に繰り上げて実施することになった。作戦自体は成功したものの、戦線のなし崩し的拡大のきっかけの一つになったのがこのビルマ作戦である。ところが、天皇は、右の発言をみると、そのことを充分認識していないことがわかる。また、天皇を政治的に補佐しているこの時期の木戸幸一にも危機意識がきわめて希薄である。結局、山田朗《あきら》『昭和天皇の軍事思想と戦略』（校倉書房、二〇〇二年）が指摘しているように、「日本の戦争指導の基本方針は、緒戦の戦果に幻惑され強気になった統帥部の主導で、さらなる武力戦による戦果拡大によって戦争終結を果たそうとする方向へと転換された」が、「天皇も統帥部首脳もこの重大な転換を、緒戦勝利の雰囲気の中で承認し」たのである。天皇や宮中グループの木戸が、このような状況にあった以上、戦線の拡大を阻止すべき主体は、もはや存在しなかったと言うべきだろう。

国策の転換という面で、もう一つ重要な意味を持つのは、国民の置かれた状況である。一九四一年一二月八日、政府検閲当局者は、「大東亜戦争に関連する記事取締事項」を関係方面に通達しているが、この取り締まり方針の対象となる事項には、「反戦又は厭戦《えんせん》思想を醸成せしむるが如《ごと》き事項」や、「和平機運を醸成し国民の堅忍持久の精神を銷磨《しょうま》せしむるが如き事項」などが含まれていた。このうち、前者には、「我国力を過小評価し我方に戦争遂行能力なしとし、或《あるい》は戦争の前途を悲観視するが如きもの」、「英米の国力を誇張し国民に畏怖《いふ》の念を生ぜしむるが如きもの」などが、後者には、「英米との妥協又は戦争の中止を主張するが如きもの」、「政府、統帥府等に於《おい》て和平を画策しつつありと為《な》すが如きもの」などが、取り締まりの対象事項として、例示されていた（中園裕《ひろし》『新聞検閲制度運用論』清文堂出版、二〇〇六年）。要するに、局面の転換をはかろうとする議論は徹底的な抑圧の対象とされていたのである。

その一方で、陸海軍は、戦勝気運をあおり立てていた。たとえば、四二年三月一〇日に開催された朝日新聞社主催「第三七回陸軍記念日大講演会」において、佐藤賢了陸軍省軍務課長は、「米国の軍拡完成後一、二年後か二、三年後かの或時期において米英は帝国に対し決戦を求めて来る」との楽観的見通しを示していた（『朝日新聞』一九四二年三月一一日付）。実際には、同年六月のミッドウェー海戦で日本海軍の機動部隊は大敗を喫し、八月には米海兵師団がガダルカナル島への上陸作戦を開始している。陸軍記念日に続いて翌々日の一二日には朝日新聞社主催の「戦捷《せんしょう》祝賀記念大講演会」が開催されているが、講演者の一人、大本営報道部の平出英夫《ひらいでひでお》海軍大佐は、「そして西にロンドンで入城式といふときに東でニューヨークで観艦式、その日が最後の戦捷大祝賀会だ」（同右、三月一三日付）と無責任としか言いようのない戦線拡大論を絶叫している。深刻なことは、これが一部の軍人の単なる「はねあがり」ではないことだ。政府の広報誌、一九四二年三月二五日付の『写真週報』の「時の立札」には、「ひたすらに絶対必勝の信念もて西、ロンドンで入城式を東、ニューヨーク沖で観艦式を　そうだ、その日まできっと戦い抜くぞ」と記されている。こうした状況のもとでは、仮に国策の根本的転換が行われたとしても、戦勝を確信している国民の間に大きな反発や混乱が引きおこされたことは疑いない。そして、それを押さえて、国策転換をはかるだけの政治的リーダーシップは、悲劇的なことに、この国のどこにも存在していなかった。

以上のように見てくると、明治憲法体制自体が、すでに機能不全、あるいは制度疲労の状態にあったのがわかる。政治システムや政治的リーダーシップの問題で見る限りは、すでにこの段階で、敗戦はもはや避けられない状態にあったと言いかえることもできるだろう。その後、アジア・太平洋戦争の敗戦によって、日本の陸海軍は消滅した。しかし、GHQ（連合国最高司令官総司令部）が間接統治政策をとったこともあって、日本の官僚機構は、ほぼ無傷のまま、生き残った。官僚制が社会に及ぼす影響力の大きさを考えるならば、そのことの持つ意味は決して小さくない。換言すれば、「今後採るべき戦争指導の大綱」の決定に示されたような政治文化や組織文化のありようを、戦後の日本社会は、どこまで克服することができたのだろうか。日本社会が、かつてない危機に直面している今日、そのことが私たち一人一人にあらためて問われている。

おわりに

この本は、二〇一一年八月一五日に放送されたNHKスペシャル、「日本人はなぜ戦争へと向かったのか・戦中編――果てしなき戦線拡大の悲劇」を元に、新たな取材や調査データ、研究者のインタビュー、論考を加えて書籍化したものです。

開戦という破局的な事態をなぜ日本人は避けることができなかったのか。

先の大戦における日本人の死者数は三百十万人と言われています。もちろん、これに相手当事国だったアメリカや中国、そしてアジア太平洋地域で戦いに巻き込まれて犠牲になった一般の人々を加えれば、さらに膨大な数となります。戦後の日本人はこの現実を厳粛に受け止め、二度とこのようなことを繰り返してはならないと誓ってきました。その誓いを胸に刻むために、毎年八月一五日を鎮魂の日として祈りを捧《ささ》げてきたのです。しかし、戦後七十年が経《た》ち、実際の戦争体験を持つ当事者世代が次々と世を去る中で、「死者三百十万人」のリアリティは失われかけています。死者の数はあまりの途方もなさに記号化してゆき、いつしか、それが一人一人かけがえのない人間の集積であるという実感が稀薄《きはく》になってしまったのでしょうか。
なぜ三百十万人もの人々が死ななければならなかったのか。死者の数に対するリアリティの喪失が原因なのかどうかわかりませんが、その問い自体が真っ向から取り上げられる機会もほとんどなかったように思います。たとえ、そのような問いを発したとしても、〝そもそも戦争を始めたことが間違いなのだ。死者の多寡《たか》に拘泥《こうでい》するのではなく、戦争そのものの糾弾にこそ意味があるのだ。あなたは、犠牲者が五万人で済んでいたらよかったとでも言いたいのか〟そんな、「真っ当な」反論を受けるだけだったのかもしれません。

しかし「日本人はなぜ戦争へと向かったのか」の取材を続けるうちに、私たち番組スタッフの間で、ある疑念がどんどん大きくなっていきました。確かに開戦という決定的な帰還不能点に向かう過程で、日本はいくつもいくつも判断ミスを積み重ねました。そして対米開戦は紛れもなく、過《あやま》ちでした。けれども三百十万という死は、「誤った戦争を始めてしまったのだから」という事実だけで、仕方ないと割り切ることができるレベルの数字ではありません。そして、当時の日本人が犯したそれら大小の過誤を集積するだけでは、あの、滝つぼに真っ逆さまに落ちていくような大戦中の死者数の増加ぶりは、説明できるものでもありません。

私たちは、取材を通して多くの生き残り兵士、あるいはご遺族に会って話を聞くことができました。亡《な》くなっていった兵士一人一人に、再会を願う家族がおり、守りたい平穏な日常がありました。助かった元兵士は自分だけが生き残ったことを戦後悔い続けました。それぞれが単なる数字ではなく、名前と顔を持ち、感情を湛《たた》えた人間であるという当然の事実に接することができたのです。

兵士と民間人をあわせて三百十万もの人を死に至らしめた背景には、指導者たちの、継続的な、命に対する感覚の鈍麻、人間に対する想像力の欠如がありました。そしてそれは開戦前にすべて決定づけられたのではなく、明らかに開戦後において拡大、悪化したものです。私たちは「日本人はなぜ戦争へと向かったのか」の四回シリーズにおいて、開戦前の組織や官僚、メディアやリーダーが、意識的・無意識に犯した過誤を検証しましたが、それだけでは決定的に足りていなかったのです。新たにシリーズの第五回目として、「戦中編――果てしなき戦線拡大の悲劇」が企画された問題意識の核心は、そこにあります。

今回の番組は、真珠湾攻撃による太平洋戦争の開戦からおよそ半年間の、戦争の初期に焦点をあてています。多くの戦記や戦史が、どちらかというと戦争の後半、せいぜいミッドウェー海戦やガダルカナル戦以降の記述にスペースを割いているのに対し、この番組はむしろそこに到るまでに起きた歴史的事実に関心を寄せています。なぜなら、開戦のおよそ一年後から始まる日本の戦争体制の全面的な崩壊は、ほぼ開戦最初期の半年間に準備されたものであり、この時期の政策的錯誤の必然的結果と言えるものだったからです。

太平洋戦争がじり貧の中で勝算も計画性もないままに始められた戦争である以上、日本の戦争運営には当初から問題や矛盾が山積みでした。その最大のものは、「どう戦争を終わらせるかを考えていなかった」ことです。始めたあとで戦争の収束方法を考えることになった日本の指導部は、まさに頭を抱えることになりました。しかし、それがどんなに難題だとしても、リーダーは答えを見つける責任がありました。場合によっては、組織の既得権や利益を犠牲にしてでも、これまでの前例主義を破壊してでも、損害を最小限に導く道筋を見定める必要がありました。しかし、実際の歴史が証明したのは、「人はいよいよとなったら、それまでできなかったことも可能にする」のではなく、「それまでできなければ、追い詰められてもできない。むしろ一層ひどくなる」という事実でした。国家存亡の危機に直面してもなお、組織の内向きの論理の中で辻褄《つじつま》合わせに終始したのです。

太平洋戦争指導の歴史舞台をひもといてゆくとき、そこに「凶悪な意図」を露《あら》わにした独裁者が登場することはありません。現れるのは、どこまでも生真面目《きまじめ》で「悪意のない」能吏ばかりです。ただし、この能吏には決定的な欠点がありました。それは、国民の命に驚くほど無関心だったことです。能吏たちが自分たちの辻褄合わせを自己目的化していく一方で、いったいどれだけの人間が犠牲になっていったのか。なぜ人間は、これほどまでに他人の犠牲に無感覚になれるのか。私たちは先の戦争における、この残酷な現実から目を背けてはならないはずです。命に対する感覚の鈍麻、そして人間に対する想像力の欠如という悪性のウイルスは、今も「素知らぬ」顔をして、私達のすぐ近くに潜んでいるかもしれないのです。

二〇一五年六月

NHK制作局　チーフ・プロデューサー　内藤誠吾

研究者紹介（掲載順／敬称略）

田中宏巳　Hiromi Tanaka
防衛大学校名誉教授。専門は近代日本軍事史。主な著書に『東郷平八郎』（ちくま新書）、『BC級戦犯』（ちくま新書）、『秋山真之』（吉川弘文館）、『山本五十六』（吉川弘文館）などがある。

戸部良一　Ryoichi Tobe
国際日本文化研究センター教授、帝京大学教授。専門は日本政治外交史、軍事史。主な著書に『逆説の軍隊』（中公文庫）、『日本陸軍と中国』（講談社選書メチエ）、『外務省革新派』（中公新書）などがある。

柴田善雅　Yoshimasa Shibata
大東文化大学国際関係学部教授。専門は日本経済史。主な著書に『占領地通貨金融政策の展開』（日本経済評論社）、『中国占領地日系企業の活動』（同前）、『戦時日本の金融統制』（同前）などがある。

相澤　淳　Kiyoshi Aizawa
防衛省防衛研究所戦史研究センター安全保障政策史研究室長。専門は国際関係史、近代日本軍事外交史、海軍史。主な著書に『海軍の選択　再考真珠湾への道』（中公叢書）などがある。

吉田　裕　Yutaka Yoshida
一橋大学大学院社会学研究科教授。専門は日本近現代史。主な著書に『昭和天皇の終戦史』（岩波新書）、『現代歴史学と戦争責任』（青木書店）、『シリーズ日本近現代史6　アジア・太平洋戦争』（岩波新書）などがある。

【放送記録】

NHKスペシャル　日本人はなぜ戦争へと向かったのか　戦中編
～果てしなき戦線拡大の悲劇
2011年8月15日放送

【資料提供】国立国会図書館　防衛省防衛研究所　靖国偕行文庫　国立公文書館　外務省外交史料館　南方研究会　横浜開港資料館　機械振興協会BIコモンズ・ライブラリ　読売新聞社　毎日新聞社　共同通信社　米国国立公文書館　Great American Stock　Hoover Institution　Imperial War Museum　Thought Equity Motion　UCLA Film & Television Archive　今井清一　石川通敬　甲谷勝人　後藤和子　佐藤迪子　鈴木光範　西浦三郎

【取材協力】太田弘毅　秦　郁彦　原　朗　相澤　淳　安達宏昭　林　英一

【テーマ音楽】加古　隆
【タイトル映像】4d
【アニメーション制作】白組
【キャスター・語り】松平定知
【声の出演】小山力也　81プロデュース
【撮影】西澤伸一
【音声】木村敏行　池田　茂

【技術】高柳由美子
【映像技術】真壁一郎
【映像デザイン】宮嶋有樹
【CG制作】高崎太介　津田晴康
【VFX】高口英史
【音響効果】福井純子

【編集】北森朋樹
【コーディネーター】土居健治
【取材】吉見直人
【演出】松村亮一
【ディレクター】相沢孝義
【制作統括】内藤誠吾

＊この作品は二〇一一年十一月NHK出版より『日本人はなぜ戦争へと向かったのか　戦中編』として刊行された。

日本人《にほんじん》はなぜ戦争《せんそう》へと向《む》かったのか
―果てしなき戦線拡大編―

新潮文庫　え-20-6

平成二十七年八月一日発行

編著者　NHKスペシャル取材班《しゅざいはん》

発行者　佐藤隆信

発行所　株式会社 新潮社

郵便番号　一六二―八七一一
東京都新宿区矢来町七一
電話 編集部(〇三)三二六六―五四四〇
　　 読者係(〇三)三二六六―五一一一
http://www.shinchosha.co.jp

価格はカバーに表示してあります。

印刷・株式会社光邦　製本・株式会社大進堂

ISBN978-4-10-128376-0 C0195